골든 그레이

골든 그레이

2016년 7월 4일 초판 1쇄 발행
지은이 · 강헌구

펴낸이 · 김상현, 최세현
책임편집 · 김형필, 허주현, 조아라 | 디자인 · 임동렬

마케팅 · 권금숙, 김명래, 양봉호, 최의범, 임지윤, 조히라
경영지원 · 김현우, 강신우 | 해외기획 · 우정민
펴낸곳 · (주)쌤앤파커스 | 출판신고 · 2006년 9월 25일 제406-2012-000063호
주소 · 경기도 파주시 회동길 174 파주출판도시
전화 · 031-960-4800 | 팩스 · 031-960-4806 | 이메일 · info@smpk.kr

ⓒ 강헌구(저작권자와 맺은 특약에 따라 검인을 생략합니다)
ISBN 978-89-6570-346-4(03320)

쌤앤파커스(Sam&Parkers)는 독자 여러분의 책에 관한 아이디어와 원고 투고를 설레는 마음으로 기다리고 있습니다. 책으로 엮기를 원하는 아이디어가 있으신 분은 이메일 book@smpk.kr로 간단한 개요와 취지, 연락처 등을 보내주세요. 머뭇거리지 말고 문을 두드리세요. 길이 열립니다.

50 이후 50년의 골든 타임을
누리는 사람들

골든
그레이
GOLDEN GRAY

강헌구 지음

쌤앤파커스

지금까지 없던 새로운 사람들, 골든 그레이

오늘 빨강 바지를 샀다. 그 위에 입을 검정 점퍼도 하나 샀다. 빨강은 불꽃, 검정은 미지의 세계를 뜻한다. 빨강 바지에 검정 점퍼의 매치는 미지의 세계를 향해 불꽃처럼 달려가는 나를 확인하는 몸짓이다. 내가 이런 몸짓을 취한 이유는 소위 '100세 시대'라고 불리는 낯선 세계로 초대를 받았기 때문이다. 낯선 세계의 콘셉트와 어울리게 나름의 이미지를 연출하고, 그것들에 익숙해지려는 연습을 하고 있는 것이다.

나는 나이를 맛있게 먹는다. 내겐 나이가 영양제이다. 나이라고 부르는 이 영양제는 먹으면 먹을수록 더 맹렬해지고 더 새로워진다. 나는 사실 오래전부터 나이는 먹지만 늙고 싶지 않았다. 그래서 50대에 새로운 기술을 배웠고 60대에 창업을 했으며 70대를 바라보는 지금, 나름의 천직에 몰두하고 있다.

진짜 인생은 50부터 시작되는 50년이다. 내 자신만 돌아봐도 그렇다. 50대 이전까지는 살긴 살았지만 실상 산 게 아니었다. 학습과 연습일 뿐이었다. 진짜로 살기 시작한 것은 50대가 시작되면서부터였다. 학습과 연습이 최소한 50년은 쌓여야, 삶의 노하우 곡선이 환경 곡선을 상향 돌파하는 이른바 '골든 크로스Golden cross'가 이루어지기 때문이다. 바로 이 골든 크로스가 이루어진 이후의 삶, 50 지나고 찾아온 50년이 인생의 '골든 타임Golden time'이다.

50 이후 50년, 정말 매력적인 시간이다. 두뇌는 전성기에 도달했고 완숙한 경험과 노하우가 축적되어 있으며, 근육엔 힘이 넘친다. 그러니 하고 싶은 것은 다 해볼 수 있고 누리고 싶은 것도 다 누릴 수 있다. 지난 20년 동안 나는 입버릇처럼 "50 이후 50년, 그 골든 타임엔 날마다 가고 싶은 곳에 가서 만나고 싶은 사람을 만나고 먹고 싶은 것을 먹으며 하고 싶은 이야기를 하는 삶을 살아야지!"라고 말했다.

그래서 나는 지금 '4도 3경'의 삶을 준비하고 있다. 일주일 중 나흘은 제주에서 힐링을 하고, 사흘은 서울에서 활동을 하는 생활이다. 제주에서의 시간은 나다움을 확인하는 시간이고 서울에서의 시간은 시대의 숨결과 호흡하는 시간이 될 것이다. 이렇게 시대의 숨결과 나다움이 만나 이루어진 인생의 골든 타임은 빛나는 창조의 계절, 인생에 있어 축제의 시간이 될 것이다.

40대 중반, 나는 생각했다.

"내가 꿈꾸는 골든 타임, 그런 미래로 나아가자면 지금 껍데기 상태의 나로는 어려울 것이다. 내 안에 대기하고 있는 또 다른 나를 불러내야 한다. 그동안 먹고사느라, 세파에 시달리느라 목소리 한 번 제대로 내보지 못했던 내 안의 또 다른 나, 진정한 나를 만나야 한다. 이제부터의 인생은 이 '새로운 나'의 차례인 것이다."

그렇게 다짐하며 실제로 '새로운 나'의 목소리에 귀를 기울였다. 삶이라는 여행의 이정표를 다시 세우고 삶을 구성하고 있는 중요한 요소들을 하나하나 재검토하기 시작했다. 가치와 성공, 행복의 개념을 다시 정의하고 삶의 방향을 재설정하여 속도를 높였다. 새로운 책을 읽고 새로운 사람들을 만나며 새로운 습관을 길렀다.

이러한 노력 끝에 골든 타임의 중간지점을 통과하고 있는 지금, '골든 그레이Golden gray'의 삶을 누릴 수 있게 됐다. 골든 그레이는 100세 시대를 부유하게 살아가는 사람들이다. 돈이 많은 부자가 아니다. 시간이 많은 부자이다. 만나고 싶은 사람 다 만나고 가보고 싶은 곳 다 가보고, 누리고 싶은 것 다 누리고 나서도 시간이 남는다. 시간이 돈이라 했으니, 이렇게 시간이 많은데 부자가 아니고 무엇이란 말인가?

골든 그레이의 시간은 쓰면 없어지는 것이 아니라 쓴 만큼, 쓴 것보다 더 많이, 단 한 번이 아니라 언제까지나 지속적으로 다시 리필된다. 전과 똑같은 시간이 아니라 형질과 쓸모가 전혀 다른, 고도로 개인화되고 선택의 폭이 넓은 시간이 배달되는 것이다.

나는 이 시간을 창조적 노동에 사용하고 있으며 앞으로도 그럴 것이다. 그래서 나름의 똥고집으로 아름다운 스토리를 남길 것이다. 마음이 뜨거우면 몸도 녹슬지 않는다. 아침에는 멀리 성산일출봉이 보이는 용눈이 오름을 오르면서, 해질녘에는 해를 삼키는 바다가 보이는 사라봉 언덕에서 내 안의 또 다른 나, 진정한 나에게 설레는 가슴으로 속삭일 것이다.

"청춘보다 더 활기차고 화려한 모습의 골든 그레이가 되리라. 피부, 말소리, 걸음걸이뿐만 아니라 생각과 행동과 작품에서 싱그러운 향기가 나는, 지금까지 없던 새로운 사람이 되리라. 낯선 축제를 날마다 즐기리라."

PART1.

한 번뿐인 인생,
펄펄 살아 날뛰는 도미처럼

PART2.

인생, 이게 다입니까?
물론 아니죠!

PART3.

후반전에 강한 놈이
이긴다

PART4.

기억하라,
당신은 베테랑이다

PART5.

인생이라는 자전거는
오늘도 달린다

한 번뿐인 인생,
펄펄 살아 날뛰는 도미처럼

──────── 전에 보지 못했던 새로운 사람들이 나타났다. 머리는 희끗한데 어깨는 떡 벌어졌고, 척추는 꼿꼿하다. 빨강 티셔츠에 명품 청바지를 입고 유행하는 재킷을 걸쳤으며 스포츠카를 몰고 다닌다. 우리가 그동안 알고 있던 '노년'의 모습과 전혀 다르다. 규칙과 관습에 매이지 않고, 책과 영화에서 본 대로 곧바로 행동으로 옮기며 나이와 상관없이 계속 자신의 '일'을 하고 여행을 다니며 산다. 그들은 50 이후 시작된 50년, 골든 타임을 누리고 있는 100세 시대의 새로운 인생 모델, '골든 그레이'이다.

01

빨강 바지에
슈트를 걸친
회색 머리의 사람들

"이게 누구신가? 러시아 갔다더니 언제 오셨나?"

"어제 저녁에."

"오랜만에 집에 왔으면 가정에도 충실해야지…. 몇 달 만에 들어온 건데 이렇게 꼭두새벽부터 또 밖으로 나오면 어떤 마나님이 좋아하시겠나?"

"걱정 마시게, 러시아에 둘이 같이 갔다가 왔거든. 자넨 잘 있었나? 이게 몇 달 만이지?"

"두 달 조금 넘은 것 같네. 나야 뭐, 옷 장사가 늘 그렇고 그렇지. 그래, 러시아에서 추진한 일은 잘 되었나?"

"음, 앞으로는 러시아 쪽 건축 일이 더 많아질 추세야. 아무

래도 여름엔 러시아, 겨울엔 한국에 있는 식으로 떠돌이 신세가 될 것 같아. 스웨덴 쪽 일도 늘고…. 그래서 아예 아파트를 하나를 얻어놓고 왔지."

"잘나가시네 그려. 아무튼 왕창 벌어다가 와인이나 시원하게 쏘면 얼마나 고마울까? P호텔에 프랑스 와인 진짜 맛있는 게 들어왔다던데, 언제 한잔 살 거야?"

"내가 60도 넘은 나이에 그거 하나 못 사겠나, 내일 저녁에 시간 내시게."

사우나에서 들린 옆 사람들의 이야기이다. '나이 60'이라는 소리에 그들 쪽을 힐끗 보았다. 왜냐하면 그들이 들어설 때 얼굴과 몸을 보고 '아직 50대 같은데 새벽 6시에 사우나에 오다니… 젊은 사람들이 부지런하군.'이라고 생각했기 때문이다.

60세가 넘어서도 러시아와 스웨덴을 개울 건너 아랫마을처럼 드나들고 있는 사람들, 전에 보지 못했던 새로운 사람들, 머리는 희끗희끗하지만 어깨는 떡 벌어지고 척추는 꼿꼿하다. 팔다리 근육엔 힘이 넘쳐난다. 얼굴엔 교양과 품위가 배어 있고 마음은 언제나 청춘이다. 노련한 기술과 노하우를 가지고 있으면서 젊은이들 못지않은 의욕과 열정을 보인다. 겉모습만 보고는 도저히 나이를 가늠할 수 없다.

그들은 나이와 상관없이 일을 계속하고 여행을 하고 독서를 하고 성생활을 누리고 운동을 즐긴다. 주택융자상환도 끝났고 살아가는 데 큰 어려움이 없다. 시간적 여유도 많다. 보고 듣고 아는 것도 많다. 해외여행을 통한 국제적 감각과 외국어 실력으로 국내외 트렌드에도 밝다.

그들은 우리가 그동안 알고 있던 방식과 전혀 다른 방식으로 살아간다. 입고 다니는 옷과 들고 다니는 물건은 개성이 넘치고 말에는 흡인력이 있다. 빨강 티셔츠에 명품 청바지를 입고 유행하는 재킷을 걸쳤으며 스포츠카를 몰고 다닌다. 규칙이나 관습에 매이지 않고 자기 생각대로 산다. 열린 사고를 하기 때문에 때때로 30대나 40대를 앞지를 때도 있다. 책에서 본 대로, 영화에서 본 대로 곧바로 행동으로 옮기는 과감성도 있다. 그들은 요행수나 투기로 큰돈을 거머쥔 벼락부자가 아니다. 재벌은 아니지만 스스로 부유하다고 생각하며 긍정적인 자세로 나름 전문가, 오피니언 리더로 살아간다.

그들은 매사 자신감이 넘친다. 그들은 독서광이며 음악 애호가이고, 소년소녀가장의 후원자이다. 겉보기엔 집시 같은데 내면은 선한 사마리아인이다. 그들은 50 이후 시작된 50년을 섹시하게 살고 있는 100세 시대의 선두 주자, '골든 그레이 Golden Gray'이다. 그들은 달라진 삶의 방식을 선보이고 있다.

그들은 우리가 알고 있던 방식과 전혀 다른 방식으로 살아간다.

나이와 상관없이 일을 계속하고,

매사 자신감이 넘치며 규칙과 관습에 매이지 않는다.

50 이후 50년을 섹시하게 살고 있는 100세 시대의 선두 주자.

그들은 골든 그레이이다.

02

나이는
거짓말이다

나이는 거짓말이다. 나이 들면 늙는다는 것은 자연의 이치가 아니다. 신의 섭리는 더더욱 아니다. 골든 그레이에게 '나이가 많다'와 '늙었다'는 같은 뜻이 아니다. '나이가 많다'는 것은 기술과 지혜가 많이 쌓였다는 뜻이고 '늙었다'는 것은 병에 걸렸다는 뜻이다. 노화는 피할 수 없는 숙명이 아니다. 노화는 감기와 비슷한, 치료하면 낫는 질병일 뿐이다. '세월을 이기는 장사 없다.'는 말도 이제 옛말이다.

구약성경에 등장하는 갈렙Caleb은 엑소도스의 리더 모세Moses를 도와 여러 고비에서 혁혁한 성과를 올린 인물이다. 이스라

엘이 팔레스타인 정착을 완료했을 때, 그의 나이는 85세였고 서열 2위의 지도자 자리에 오르게 되었다. 그때 갈렙은 모세의 후계자인 최고지도자 여호수아Joshua를 찾아가 담판을 벌였다.

"전에 모세가 살아 있을 때, 당신과 내가 가나안 정탐꾼으로서의 임무를 마치고 돌아와 다른 사람들은 엉터리로 비겁한 보고를 했지만 우리 둘은 목숨을 걸고 긍정적인 보고를 했던 일을 기억하시는지요?"

"네, 물론 기억하고 있습니다."

"그때 모세가 나에게 내가 밟는 모든 땅을 다 내게 주겠노라 말하는 것을 당신도 옆에서 보고 들었지요?"

"그렇소."

"그러면 되었소."

"되었다니… 무슨 말이오?"

"모세가 그렇게 말한 지 45년이 지났다오. 그러나 나는 45년 전이나 지금이나 팔다리 힘도 정신도 무예도 전혀 손색없이 그대로 똑같다오. 전쟁터를 마다할 이유가 없지요."

"그래서요?"

"저 남부 헤브론 산지 쪽이 아직 정복되지 않은 상태이니 그 땅을 내가 밟으리다. 내가 밟으면 내게 주신다고 모세가 하나님 앞에 맹세하였으니 내가 정복하거든 그 땅을 내게 주시오. 헤브론 원정을 허가해주시오."

"거참, 대단한 기백이오. 당신의 꿈이 속히 이루어지기를 기도하겠소."

사실 갈렙은 그럴 필요가 없었다. 왜냐하면 이미 충분한 업적을 쌓았고 한 나라의 2인자 자리에 있었기 때문이다. 그냥 있어도 여생을 편안히 보내는 데 아무 지장이 없었다. 그러나 그는 기어코 헤브론 산지를 정복하여 자신의 영토로 삼았으며 후손들에게 번영의 토대를 남겼다. 착지를 거부하고 다시 담대하게 날아오른 것이다. 그리고 자신에게 내려진 소명, 삶의 메인 프로젝트를 완수했다.

내가 이 이야기에 새삼 주목한 것은 수년 전 자카르타를 여행할 때 어느 교회에서 들은 설교 덕분이었다. 그때까지만 해도 나는 교수 정년이 되면, 모든 사회적 역할과 활동을 뒤로 하고 등산, 낚시, 여행으로 소일하리라 생각했다. 그러나 갈렙의 스토리를 듣고 생각을 바꾸었다. 삶의 사계라는 관점에서 65세 정년퇴직은 삶의 겨울이 아니라 새로운 봄이 되어야 했다. 그렇게 생각을 바꾸었더니 새로운 것들이 보였다. 생각보다 많은 사람들이 50대, 60대, 심지어 70대에도 인생의 속도에 더욱 박차를 가하며 더 높이, 더 넓게, 더 즐기며 살고 있었던 것이다.

미켈란젤로 Michelangelo Buonarroti는 "가장 위험한 일은 목표를 너무 높게 잡아 달성하지 못하는 것이 아니라, 목표를 너무 낮게 잡아 거기에 도달하는 것이다."라고 말했다. 그는 위생 상태가 나빴던 16세기에 89세까지 살았는데, 당시에는 상당히 긴 수명이었다. 중요한 것은 그가 자리 깔고 누워서 목숨을 이어간 것이 아니라, 죽는 날까지 손에서 작업 망치와 끌을 놓지 않았다는 것이다. 그는 죽은 것이 아니라 작업장을 하늘로 이동한 것이다. 간혹 제자들이 좀 쉬면서 일하자고 하면 그는 다음과 같이 대꾸했다.

"저승에 가서 쉬어라. 거긴 할 일이 없을 테니까."

피카소 Pablo Picasso는 90세 전후까지 창작을 멈추지 않았고 200점 이상의 회화와 수백 개의 스케치를 남겼다. 나이가 들수록 삶의 속도를 늦춘 것이 아니라 오히려 높인 것이다. 만유인력의 법칙을 발견해낸 뉴턴 Isaac Newton은 85세에도 영국 조폐국장으로 일했다. 슈바이처 Albert Schweitzer는 80대에 아프리카에서 환자 진료를 계속했다.

골든 타임을 멋지게 살아가고 있는 사람들, 봄에 한 번 씩

'S LIFETIMECLOCK

):60:829:323

min   sec   ms   μs

그들의 시간은 지속적으로 리필되기 때문에
나이에 의해 삶이 좌우되는 일은 결코 없다.
골든 그레이 라이프, 새로운 삶의 시간표가 등장한 것이다.

를 뿌리고 가을에 한 번 추수하는 것으로 끝내는 것이 아니라 계절에 관계없이, 나이에 상관없이 봄에도 여름에도, 가을이나 겨울에도 계속 씨를 뿌리고 계속 추수한다. 꿈을 향해, 인생의 대업을 완수하기 위해 날아오르는 모험을 감행한다.

바로 그런 모험을 감행하기 때문에 인생의 시간 통장이 지속적으로 채워진다. 갈렙, 미켈란젤로 그리고 피카소가 그랬던 것처럼, 시간은 지속적으로 리필되기 때문에 나이에 의해 삶이 좌우되는 일은 결코 없다. 새로운 삶의 시간표가 등장한 것이다. 그들은 '액티브 시니어Active senior'로 건재하며 계속 신작, 신기술, 신개념을 발표하여 뉴스를 생산한다. 당연히 해당 분야에서 그들은 관심의 대상이 된다. 그들은 말한다.

"나는 검색된다, 고로 존재한다."

03

요리를
배우고 싶으면 배우고,
남미에 가고 싶으면 간다

2009년 통영, 한 여자 손님이 택시를 타더니 기사에게 물었다.

"'중국요리 이 선생'이라는 음식점을 아세요?"

"그럼 알지요."

"어떤 곳인데요?"

"아, 맛있고 양 적은 것으로 유명하지요."

"맛은 있는데 양이 적다?"

그 말을 되뇌며 그녀가 혼자 웃었다. 바로 그 대답이 듣고 싶어서 던진 질문이었기 때문이다. 통영 사람 모두가 "중국요리 이 선생은 맛있고 양 적은 곳!"이라고 말하게 하는 것이

지난 6년 동안 그녀의 목표였다.

6년 전, 통영에 놀러갔던 그녀는 우연히 만나 알게 된 지인을 따라 시장에 갔다. 시장 입구에 들어서자마자 광주리에 담겨 펄펄 살아 날뛰는 도미, 물메기 같은 싱싱한 생선들이 그녀의 시선을 끌었다. 순간 그녀의 상상력에 스위치가 켜졌다.

"저 기운 좋은 도미로 탕을 끓이면 국물이 얼마나 시원할까? 저 장어는 매콤한 소스에 무쳐 먹으면 기가 막히겠다. 이 도다리는 탕수어를 하면 좋겠고… 놀래미는 밥을 조금만 넣고 비벼 회덮밥으로 먹으면 쫄깃한 맛이 아주 그만이겠다!"

시장에서 나와 배를 타고 바다낚시를 하면서도 그녀는 잡혀 올라오는 온갖 고기들을 보며 황홀경에 빠졌다.

"이 싱싱한 재료들로 맛있는 요리를 할 수 있는 음식점을 열면 어떨까? 30년 넘게 한 헤어드레서라는 일에도 여한이 없고, 이제 내 나이도 70이 넘었다. 그동안 바쁘게 사느라 제대로 신경 쓰지 못하고 채우지도 못했던 또 하나의 꿈. 이제 슬슬 그 꿈에 밥을 주어도 되지 않을까?"

서울에 올라와서도 꿈에 부풀어 몸이 달아오른 그녀는 곧장 통영으로 다시 내려갔다. 그리고 바다가 내려다보이는 아파트를 골라 계약금까지 치르고 말았다. 그녀의 세 번째 인생이 시작되는 순간이었다.

"한국 미용계 대모 그레이스 리 별세"

"한국 머리 문화 바꾼 그녀, 지다"

"그녀의 빈소는 핑크색 꽃으로 물들었다."

주요 신문은 그녀의 타계 소식을 이와 같이 전했다. 그녀는 세 가지 모습의 삶을 살았다. 삶을 바꿀 때마다 그녀는 다른 이름으로 불렸다.

이경자, 그레이스 리, 중국요리 이 선생.

'이경자'는 19세에 결혼해 15년 동안 한 남자의 아내로, 아이 셋의 엄마로, 그렇게 순종적인 전업주부로 살았다. 아이들을 두고 생을 마감할 생각을 할 정도로 결혼 생활이 고통스럽기도 했다. 그녀는 삶의 굴곡을 뒤로 하고 34세에 미국으로 건너갔다. 영어 한마디 못하는 상태로 유명 헤어드레서 폴 미첼Paul Mitchell 밑에서 배우며 악착같이 살아남았다.

40세에 한국으로 돌아와 서울 도큐 호텔 안에 '그레이스 리 미용실'을 열었고 44세에 한국인 최초로 미국 패션잡지 〈보그Vogue〉에 소개됐다. 1979년, 47세에는 국제기능올림픽 미용 부문에서 금메달을 받았다. 같은 해 석탑산업훈장도 받았다. '그레이스 리'라는 이름은 1970년대와 1980년대 한국 미용계의 업그레이드를 상징하는 키워드가 되었다. 미용의 달인으로 등극한 것이다.

그리고 그녀는 72세에 이르러 요리 연구가 '중국요리 이 선생'으로 세 번째 인생을 열었다. "다른 사람들은 은퇴를 생각할 나이에 새로운 사업을 시작하다니 그 무슨 황당한 결정이냐."는 주변의 우려 속에서도, 그녀는 가보지 않은 길에 대한 호기심을 버리지 않은 채 도전했고 결국 큰 성취를 보여주었다.

가진 게 많고 아는 게 많아서가 아니라 호기심으로 지펴진 가슴속 열정에 충실히 복종한 결과였다. 전혀 모르던 생소한 것을 배우고 익혀서 자신의 것으로 만든 뒤, 거기에 더하여 다른 사람이 하지 않았던 무엇인가를 시도하는 것, 그 자체가 너무 재미있어서 몸을 던졌다. 미용도 그랬고 중국 요리도 그랬다.

그녀에겐 마음이 이끄는 대로 배우고 익혀서 통달한 후 자기만의 고유한 세계를 창조해가는, '즐거움'이라는 심리적 테마가 있었다. 미지의 세계에 대한 호기심과 가보지 못한 길에 대한 미련이 그녀로 하여금 지적 몰입을 넘어 지적 탐닉의 상태에 이르게 한 것이다.

그녀는 골든 그레이의 이상적인 모델이다. 세상의 그 어떤 것도 부러울 것 없는 삶. 이사 가고 싶으면 이사 가고, 여행하고 싶으면 여행하고, 직업을 바꾸고 싶으면 바꾸고, 호기심이

발동하면 곧바로 행동으로 옮겨 놀라운 성취를 보여주는 삶, 먹고살기 위해 일하는 삶이 아니라 즐기기 위해 사는 삶, 돈을 벌기 위해서가 아니라 그냥 좋아서, 아이디어를 주체할 수 없어서 일하는 삶, 오직 지적 호기심에만 복종하는 삶을 그녀가 보여준 것이다.

04

이거다 하는 순간, 펄펄 살아 날뛰는 도미가 된다

벤저민 프랭클린Benjamin Franklin은 84년 동안 여러 모습의 삶을 살았다. 그는 인쇄업자에 이어 잡지 출판업자로도 큰 성공을 거두었다. 대학을 설립하고 피뢰침을 발명하고 미국 우체국 장관을 맡기도 했다. 정치 분야로도 진출해 영국과의 조세권 협상을 성공적으로 이끌었고 미국독립선언서 기초위원으로 일하며 프랑스 대사를 역임하였다.

그는 발명가, 출판업자, 관료, 정치가, 외교관, 언론인, 교육자, 과학자, 작가, 철학자, 사회사상가 등 10개 이상의 직업을 가졌었다. 그 모든 직업에서 탁월한 능력을 보였으며 당대 최고 수준이었다. 그는 자신의 삶을 한 가지 역할과 한 가지 모습에 국한하지 않고, 다채로운 모습으로 살았다. 그의 머리에서는 늘 창조적인 아이디어가 샘솟았고. 그렇게 샘솟는 아이디어를 억제하지 않았다. 그가 남긴 수많은 창작물은 사람들에게 오랜 세월 동안 갖가지 행복을 선물했다.

또한 그는《푸어 리처드 이야기》《부자가 되는 길》《프랭클린 자서전》등을 펴내 최고의 문필가로 인정받았다. 그는 50세 이후 돈을 벌기 위한 활동, 즉 직업 일선에서 물러나는 대신, 더욱 세상 속으로 파고들어가 신대륙의 역사라는 무대의 중심에 서서 식민지 연합을 결성하는 일에 앞장섰다. 이후 인지세 폐지와 자주권 확대 및 미국독립선언 기초위원으로 활동하면서 대통령 못지않은 영향력을 발휘하며 국민의 추앙을 받았다.

그는 프랭클린 스토브, 피뢰침, 다초점 렌즈와 같은 자신의 발명품에 특허 출원을 하지 않고 더 많은 사람이 기술의 혜택을 받을 수 있도록 무상 제공했다. 그는《프랭클린 자서전》을 통해 그 유명한 '13덕목'을 사람들에게 보여주었다. 그 덕목들을 기르기 위해 스스로 훈련했던 수첩 사용법을 대중들에게 알려주기 위해 '프랭클린 다이어리'를 탄생시켰다. 그 수첩은 오늘날까지도 세계의 많은 젊은이들이 자기 통제를 통해 이상을 실현하도록 돕고 있다.

벤저민 프랭클린의 삶은 오직 자유와 창조로 가득 차 있었다.

그가 살았던 18세기에 그런 창조적 삶은 몇몇 탁월한 사람들만이 가능했지만,

오늘날엔 사정이 달라졌다.

호기심을 가지고 미지의 세계로 나아가겠다는 마음가짐만 있다면,

누구나 그와 같은 삶을 살 수 있게 된 것이다.

벤저민 프랭클린의 일생은 오직 자유와 창조로 가득 차 있다. 그는 창조라는 것이 얼마나 큰 즐거움인지 아주 잘 보여주었다. 그가 살았던 18세기에 그런 창조적 삶은 몇몇 탁월한 사람들에게만 허락되는 것이었다.

그러나 오늘날엔 사정이 달라졌다. 지금은 호기심을 가지고 미지의 세계로 나아가겠다는 마음가짐만 있다면, 누구나 벤저민 프랭클린 같은 삶을 살 수 있다.

최근 경제사회학자들이 창조적 계급Creative class이라는 용어를 사용하기 시작했다. 창조적 계급이란 새로운 전문성과 상상력을 바탕으로 획기적인 창조물을 내놓아 세상에 변화를 몰고 오는 집단을 지칭한다. 예를 들면 엔지니어, 교수, 예술가, 연예인, 건축가 등 뭔가를 직접 만들어내는 사람들과 관리직, 법률직, 회계직, 전문의 등 전문지식으로 새로운 아이디어를 제공하는 사람들이다.

그들은 먹고사는 문제에 얽매이지 않는다. 이미 웬만큼 가지고 있거나 아니면 필요할 때마다 필요한 만큼 벌 수 있기 때문이다. 누구의 지시를 받거나 눈치를 볼 일이 거의 없다. 먹고 마시고 잠자는 모든 시간이 창작과 연결되어 있다. 만나는 모든 사람이 다 조언자이며 협력자이다. 또한 취재 대상이고 이야깃거리이다. 그들은 인간의 발이 닿을 수 있는 곳이라면 어디든 간다. 세계의 모든 이벤트를 다 챙겨 구경하고 가보지 않은 명소가 없을 지경이다. 목표를 위해서 하는 것이 아니라 좋아서 한다. 그럼에도 불구하고 목표를 달성하고자 안간힘을 쓰는 사람들보다 월등히 더 많은 것을 성취한다.

그들에겐 정치인도 친구고 걸인도 친구다. 마음에 여유가 있고 너그럽지만 성깔도 있다. "아, 이거다!" 하는 뭔가가 섬광처럼 뇌리에 번뜩이면 그때부턴 먹이를 발견한 사자로 돌변한다. 물불을 가리지 않고 뭔가 한 가지에 올인, 전력을 다해 질주한다. 때론 놓치기도 하지만 성공의 확률이 더 높다. 그래서 한 건 올리고 나면 신문, 방송이 시끄러워진다. 새로운 단어가 생겨나고 상표가 등록되고 새로운 트렌드가 형성된다.

얼마나 흥미진진하고 생동감 넘치는, 살아 있음의 즐거움을 제대로 누리는 삶인가? 50 이후 50년 골든 타임이 우리에게 열어주고 있는 최고의 가능성, 최고의 즐거움이 바로 이 창조적 계급의 삶이다. 40~50세를 넘길 무렵부터 10~20년 동안 자신의 강점을 집중 개발하면 누구나 이 창조적 계급에 진입할 수 있다. 물론 사람에 따라 차이가 있겠지만 그것은 능력의 차이가 아니라 마인드의 차이이다. 그런 꿈을 꾸고 그런 선택을 하면 그런 사람이 되는 것이고, "난 틀렸어! 아니야! 부질없어!"라고 자기 자신을 단정해버리면 또한 그렇게 되는 것이다.

이제 인생의 달력이 새롭게 만들어지고 있다. 누구나 자기를 창조적 계급으로 진입시키는 데 필요한 충분한 시간을 선물 받게 되었다. 그래서 아름다운 창조물을 사람들에게 보여주는 멋진 기회를 누릴 수 있다. 누구나 창조 상점을 열어 손에 쥔 창조적 능력을 시장에 공급할 수 있다. 누구든 자신의 아이디어, 디자인, 기획, 설계도, 글, 작품, 스토리, 기술 패키지 등을 전시해놓고 벤저민 프랭클린처럼 사람들에게 제공할 수 있다.

05

당신의 골든 타임이 '50년' 리필되었습니다

나는 날마다 가슴이 두근거린다. 아침에 잠에서 깨어 손가락과 발가락을 꼼지락거려보고 오늘도 여전히 내 육신이 멀쩡하다는 것을 확인한 순간부터, 가슴이 뛴다. 20년 전, 40대 중반부터 그려온 그대로의 하루가 펼쳐질 것이기 때문이다.

오늘도 강연장에 도착하니 주최 측 스태프 한 명이 나를 안내하기 위해 기다리고 있다. 내가 다가서며 가볍게 신호를 보내자 그가 미소로 답하며 뛰어와 자기를 소개한다. 나를 대기실로 안내하면서 오늘 나의 강연을 듣기 위해 모인 청중들이 어떤 사람들인지 설명해준다.

이윽고 강단에 선 나는 준비된 자료들을 스토리와 익살을 섞어가며 풀어놓는다. 시간이 지나면서 사람들은 점점 강연에 흠뻑 빠져든다. 깔깔대다가 호기심 가득한 얼굴이 되기도 하고 때로는 감동한 표정이다. 강연이 클라이맥스에 도달하면 수십, 수백 명이 숨소리도 내지 않고 나를 응시한다. 환호와 갈채 속에 강연이 끝나자 청중들이 나와 함께 사진을 찍기 위해 줄을 선다. 어떤 사람은 사인을 부탁하고 어떤 사람은 악수를 청한다. 그 광경을 사진에 담으려는 주최 측 사람들의 표정도 달떠 있다.

공항으로 가는 차 안에서 그렇게 펼쳐질 하루를 그리는 동안, 나는 말 그대로 희락의 절정에 도달한다. 그러나 그걸로 하루가 끝나는 게 아니다. 집에 돌아와 메일함을 열면 강연에 대한, 책에 대한 소감과 감사 메일이 수십 통 와 있다. 하나하나 읽으며 그들에게 선물로 보내줄 책에 사인을 한다. 다음 강연은 더 정성을 들여 준비하고 더 와 닿는 글을 쓰리라는 각오를 다진다. 그리곤 그날 했던 강연 파일을 연다. 슬라이드를 하나씩 넘기며 그 장면에서 내가 어떤 주제를 어떤 표정으로, 어떤 톤으로, 어떤 스피드로 이야기했었는지 되짚어본다. 그리고 그때 사람들의 반응이 어땠는지 떠올린다. 어떤 자료로 어떤 내용을 이야기할 때 사람들이 긍정적인 반응을 보였고, 어떤 대목에서 지루해했었는지 생각한다. 사람들의 반응이 반드시 긍정적일 거라고 예상한 대목에서, 결과적으로 그러지 못했다면 즉시 그 부분을 아주 세밀하게 쪼개서 다시 숙고한다. 잘못된 것이 주제였는지 소재였는지 아니면 표현방법이었는지 명확하게 드러날 때까지 끈질기게 그 부분을 반복해서 들여다본다. 전혀 기대하지 않았던 대목에서 받은 긍정적 반응 역시 이유를 끝까지 추적한다.

이렇게 자기평가 시간이 끝나면, 정리된 내용을 다음날 할 강연의 원고 파일에 모두 반영한다. 그러다 보면 나도 모르는 사이 새로운 아이디어가 떠오른다. 관련 자료를 꺼내서 보고 책을 뒤적이면서 보완하고 또 보완한다. 다음날 강연에 그것들을 반영해 더 많은 사람들이 진한 감동을 느끼게 될 것을 생각하면 잠이 오지 않는다. 어서 빨리 날이 밝기만을 기다린다. 그 모습을 빨리 보고 싶기 때문이다. 그렇게 밤을 지새우고 맞이한 아침은, 그야말로 환희에 겨운 새로운 날의 시작이다. 오늘만 그런 것이 아니다. 365일이 늘 이렇게 새롭다.

내가 이렇게 날마다 가슴 설레는 아침을 맞이할 수 있게 된 것은 '비전스쿨V'이라는 나만의 영토, 도메인Domain에 20년 이상 집중해왔고 이 분야의 프로가 되었기 때문이다. 나는 탁월하거나 심오한 지식의 소유자가 아니다. 게다가 겸손하지 못하기 때문에 대인관계도 썩 좋은 편이 아니다. 자본도 없었다. 그런데 어떻게 한 분야의 프로가 되었을까? 아주 간단하다. 프로가 되겠다는, 이 분야에서 최고라는 말을 들어야겠다는 결심이 있었기 때문이다. 그런 결단을 시작으로 15년 이상 하나의 키워드에 집중했다. 48세부터였다. 그 키워드에 하루 10시간 이상씩 20년 동안, 합이 6만 시간 이상을 집중했다.

나는 독서와 경험을 통해 얻은 지식 뭉치들, 노하우 덩어리들을 모아 '비전스쿨'이라는 하나의 꼬치에 꿰고 그것을 갈고 다듬었다. 그러다 보니 그 분야의 프로가 되었고, 이렇게 날마다 감동적인 아침을 맞이할 수 있게 되었다. 그러니까 만약 하나의 전문 분야에 20년 이상 종사해왔다면, 그리고 내가 했던 것처럼 한다면, 누구나 프로페셔널이 될 수 있다.

당신은 이미 하나의 전문 분야에서 20~30년 이상의 노하우를 축적하고, 그 상태에서 다시 50년이라는 시간을 리필 받았다. 충분한 시간을 가지고 나름의 핵심 키워드라는 꼬챙이에 계속적으로 새로운 지식 덩어리를 끼우고 오래된 것은 빼낸다. 경험 데이터로 색칠을 하고 열을 가하고 냉각시키고

배열을 변경하노라면 새로운 발상과 새로운 아이디어가 번득이기 마련이다. 번득이는 그 아이디어들을 실제 강연, 실제 작품, 실제 요리, 실제 상품, 실제 설계, 실제 공연에 적용해서 성과를 내다보면 날마다 무궁무진하게 새로운 원리와 기술을 터득하게 된다. 그때의 즐거움, 그 환희를 어찌 말로 다 표현할 수 있을까?

06

세월의 무게를 '한칼'로 베어내다

C선배는 30년 넘게 인근에 살아온 이웃이다. 그는 퇴직한 지 20년 쯤 되었다. 박사학위 같은 건 없지만 그 분야에서 알아주는 제지 기술자이다. 제지공장의 기계장치를 설치, 시험 가동을 거쳐 정상 가동시키는 과정에 특별한 노하우가 있으며 생산시설에 이상이 발생했을 경우 그 원인을 찾아내고 정상화시키는 기술로 정평이 나 있다.

그는 직장에서는 퇴직을 했지만 아직 은퇴를 한 것은 아니다. 지난 20년 동안 줄곧 같은 분야에서 일해왔으며 특히 대부분의 시간을 중국과 동남아 지역에서 보냈다. 그는 중국어는 물론이고 영어도 한마디 못한다. 그러나 그의 무대는 한국에만 한정되지 않는다. 말보다 기술로 소통하기 때문이다.

그는 특별히 부유하지 않지만 가난하지도 않다. 호화롭지는 않지만 웬만큼 갖출 것은 다 갖추었고 즐길 것도 다 즐기며 교회의 장로로 봉사하며 베풀고 산다. 아들이 둘 있는데 하나는 미국에서 대학교수이고, 하나는 내과의사이다. 그는 굳이 일할 필요가 없다. 그야말로 파도를 즐기고 이글거리는 태양 아래에서 모래찜질이나 하며 시간을 보내도 되는 형편이다. 그러나 그는 그럴 시간이 없다. 좀 쉬고자 해도 세상이 그를 그냥 놔두지 않는다. 오라는 데가, 와서 도와달라는 곳이, 제발 공장 좀 잘 돌아가게 기술 지도를 해달라는 사람들이 너무 많기 때문이다.

그는 여유롭기 때문에 일을 그만두어도 먹고사는 데 전혀 지장이 없다. 그러나 그 일 자체가 너무 재미있기 때문에 절대 그만둘 수가 없다. 재미만 있는 것이 아니라 그 분야를 개척해서 후배들에게 전수할 책임이 있기 때문에 더 열심히 해야 한다고 말한다.

일을 열심히 하면 할수록 어떻게 해야 더 큰 성과를 올릴 수 있는지 한 가지씩 세밀한 노하우를 터득하게 되고, 그때마다 말로 설명하기 어려운 지적 즐거움을 맛보게 된다고 말한다. 그 일이 재미있어서 점점 더 열심히 하게 되고 그러다 보

그들은 건강하기만 하면 언제까지라도 노동의 즐거움을 누릴 수 있다.

50 이후의 50년을 행복으로 이끄는 자.

결코 물러서거나 멈춰 서지 않는 자.

바로 프로페셔널로 거듭난 골든 그레이의 모습이다.

면 점점 더 실력이 향상된다는 것이다. 찾아오는 사람은 점점 많아지고 더 새로운 일에 착수하면서 새로운 지식을 쌓게 된다. 더 큰 일을 하게 되고 더 큰 보람을 느끼게 된다.

그래서 보수가 많든 적든 따지지 않고 기술을 필요로 하는 모든 사람의 요청을 뿌리치지 않는다. 75세이지만 배구 선수 출신답게 큰 키에 일자로 쭉 뻗은 꼿꼿한 허리, 게다가 카랑카랑한 목소리 때문에 겉보기엔 영락없는 50대이다. 시간적으로도 여유가 있으니 호기심을 억누를 필요 없이 이 책 저 책 다독하고 여행도 하고 사람도 만나고 운동도 열심히 해서 왕성한 체력과 정신력을 갖게 되었다. 그러니까 자신의 전문 영역에 대한 꾸준한 정진이 가능해지고 그 모든 것이 즐거운 숙제가 된다. 그래서 그는 오직 자신이 천직으로 삼은 일, 옳다고 믿는 일, 가치 있는 일, 자신이 진정한 보람을 느끼는 일에 언제까지고 온 힘을 다할 것이라고 한다.

그는 대학을 졸업하고 국내 유수 제지공장에서 근무했었다. 생산직에서 기술직으로, 기술직에서 관리직으로 그리고 중역으로 발탁되었다. 그러는 동안에 일본, 유럽 등지의 제지업계와 기계 제작업체를 견학하고 연수도 받고 안목을 넓혔다. 그는 누가 시키는 일을 한 것이 아니라 필요한 일을 하려

애썼고 그것을 제대로 하고자 노력했다. 그래서 눈썰미 있게 기계들을 관찰하고 자기 나름의 데이터를 기록해두고 여러 기계의 공통점과 특이점을 파악하는 데 힘썼다.

이 과정에서 그는 자연스럽게 생산시설을 잘 다루는 사람이 되었고 기술 이전의 절차와 노하우도 익히게 되었다. 특히 새로 지은 공장의 초기 안정화 과정에 대한 공정관리 매뉴얼을 세밀히 연구하여 자기 나름의 노하우를 축적하기도 했다. 특히 제지기술 후발국가의 관련 인물들과 접촉하면서 신뢰와 호감을 쌓기 시작했고 기술 수요국가의 주요 경영자들과도 안면을 익히며 우호적인 관계를 유지하는 데 힘썼다. 이런 국제무대에서의 경험이 그를 국제적인 제지기술지도 전문가로 발돋움시켰다.

C선배는 지금 자신의 전문 영역에서 국제적으로 인정받는 프로페셔널이다. 그의 칼은 녹슬지 않는다. 매일 사용하고 매일 기술을 연마하기 때문이다. 그의 칼은 계속 춤출 수 있다. 그는 불멸의 '한칼'을 손에 쥐고 있는 것이다. 그는 직장에서 밀려날 걱정을 해본 적이 없다. 여기저기에서 자기 회사로 와달라는 러브콜이 수북이 쌓여 있기 때문이다.

그는 건강하기만 하면 언제까지라도 노동의 즐거움을 누릴 수 있다. 그는 50 이후의 50년을 행복으로 이끄는 자, 결코 물러서거나 멈춰 서지 않는 자, 바로 프로페셔널로 거듭난 골든 그레이이다.

C선배가 가지고 있는 한칼은 단지 전문 영역에서만 쓰이는 칼이 아니다. 그 칼은 세상을 다루고 세월을 요리하는 칼도 된다. 만남, 적응, 사랑, 우정, 출범, 창설, 번영, 실패, 이별, 소외, 아픔, 이런 모든 거친 재료들을 다듬어서 행복이라는 요리를 만들 때에 아주 요긴하게 쓰인다.

왜냐하면 그는 문화와 종교적 배경, 사회제도와 자연환경이 각기 다른 현장에서 수많은 약속과 협력을 해왔고 그것을 이행하는 과정에서 수정과 변경 그리고 파국과 화해를 경험했기 때문이다. 만남도 있었고 결별도 있었다. 유혹도 있었고 극복도 했다. 속아도 보았고 본의 아니게 속인 경우도 있었다. 환경의 변화로 인해 곤란도 겪었고 반사이익도 보았다. 갈등을 겪어보았고 조정도 해보았다. 한마디로, 산전수전 다 겪어본 것이다.

그러므로 그는 전문적인 기술지도 영역뿐만 아니라 삶의 모든 영역에서 프로페셔널이다. 그의 일 처리 방식, 자기관리 방식, 기술축적 노하우, 관계 및 네트워크 형성 스타일은 철저한 프로 근성으로 일자정렬 되어 있다. 50 이후 50년 동안,

C선배처럼 세월의 무게를 프로다운 한칼로 베어내고 창의적인 삶을 사는 것, 그것이 바로 골든 그레이의 삶이다.

07

'베풂'이라는 장르의
예술가

"나는 오전에 회사에 나가 열심히 돈을 벌고, 오후에는 도움이 필요한 사람이나 단체를 찾아가 오전에 번 돈의 50%를 나눠주고, 저녁이 되면 집에 돌아와 내일은 어떻게 하면 더 많은 돈을 벌 수 있을까 연구한다."

교육 사업가 폴 마이어Paul J. Meyer가 남긴 말이다. 그는 미국 보험 역사상 전무후무한 판매기록으로 27세에 백만장자가 되었다. 그는 인간에게 내재된 무한한 가능성을 이끌어내기 위한 리더십 교육 프로그램 연구소 LMI Leadership Management International와 SMI Success Motivation Institute를 설립하였다. 그가 개발한 교육 시스템은 16개 언어로 번역되어 약 80개 국가에 보급되었다. 지금 이 순간에도 세계 도처에서 교육이 진행 중이다. 현재까지 AT&T American Telephone & Telegraph Co., 체이스 맨해튼 은행 Chase Manhattan Corporation과 같은 세계 굴지의 기업들을 비롯해 약 6만 개의 기업들, 수십만 명의 개인이 이 프로그램에 참여했다.

그는 젊은 시절, 대학에 입학했으나 돈이 없었고 주입식 교육 시스템에선 배울 게 없다고 생각하여 입학한 지 90일 만에 중퇴하였다. 그 대신 전공 커리큘럼에 따른 교과서를 구해 독학했다. 그는 가난했고 아버지로부터 학대를 받으며 자랐기 때문에 무엇보다 돈을 버는 일이 절실했다. 그래서 보험 영업자로 취직하려 했으나 57번이나 떨어졌다. 58번째에도 역시 불합격 통보를 받고, 면접장을 나오면서 문손잡이를 안으로 잡아당겼다. 한 걸음 물러나게 되면서 몸이 비스듬히 안쪽을 향한 순간, 그 반동에 의해 면접관 쪽으로 돌아선 그는 "당신은 지금 엄청난 실수를 한 겁니다."라고 말했다. 그리고 그 발언 덕분에 합격했다.

보험 회사에 들어간 첫 해에 '100만 달러'를 목표로 세웠다. 그는 생생하게 상상하고 간절히 바라며 깊이 믿고 열의를 다했지만 실패하였다. 그러나 다음 해에 400만 달러를 달성했고, 27세에는 백만장자 대열에 합류하였다.

그는 자신이 27세에 백만장자가 될 수 있었던 방법을 체계적인 교육 프로그램으로 만들어 보급했고, 이로써 더 큰 성공을 거두었다. 현재 폴 마이어 일가는 교육, 컴퓨터 소프트웨어, 금융, 부동산 등 40개가 넘는 회사를 운영하고 있고, 그는 저작권 인세로만 20억 달러가 넘는 수입을 올리고 있다. 무엇보다 주목할 점은 그가 타계한 2009년까지 55년 동안, 소득의 50%를 기부한다는 원칙을 줄곧 지켰다는 사실이다. 50년이 넘는 긴 세월 동안 그는 새벽마다 무릎을 꿇고 앉아 기도했다.

"오늘 내가 기부하는 봉투 안의 돈이 꼭 필요한 곳에 도달할 수 있도록 도우소서!"

그는 돈 욕심으로부터 완전히 해방되어 베풂의 예술을 창조했다. 그의 인생 목표는 "가능한 한 많은 사람을 위해, 가능한 한 많은 방법으로, 가능한 한 오랫동안, 가능한 한 많은 돈을 기부하는 것"이었다. 언젠가 그의 변호사 마이크 보어랜드Mike Boreland가 폴 마이어에게 이렇게 말했다.

"회장님의 베풂의 예술은 이치에 맞지가 않아요."

폴이 그 이유를 말해달라고 하자 변호사가 질문했다.

"회장님의 진정한 목표는 무엇입니까?"

"두 가지입니다. 하나는 억만장자가 되는 것이고, 또 하나는 그것을 꼭 필요한 사람들에게 베풀어서 죽을 때 한 푼도 남기지 않는 것입니다."

변호사는 고개를 저으며 말했다.

"바로 그거예요. 당신은 이미 억만장자가 되었어요. 하지만 죽을 때 한 푼도 남기지 않는다는 건 어림없는 말씀입니다. 왜냐하면, 당신은 낮에 미친 듯이 재산을 덜어내지만 밤이 되면 또다시 새로운 아이디어를 짜내서 새 회사를 세우니 재산은 오히려 더 불어나고 있지 않습니까?"

이번엔 폴이 질문했다.

"당신의 말은 내가 베푸는 것보다 버는 것이 더 많다는 거죠? 그런데 내가 작년에 작성한 유언장은 몇 페이지였나요?"

"90페이지였습니다."

"그럼 올해는요?"

"87페이지입니다."

"그럼 내 말이 맞는 것 아닙니까? 처리해야 할 재산이 작년보다 줄지 않았습니까?"

변호사의 얼굴에 회심의 미소가 떠올랐다.

"아닙니다. 틀렸습니다. 금년엔 유언장을 작은 글씨로 썼거든요."

존 하가이John Edmund Haggai가 쓴 《폴 마이어와 베풂의 기술》이라는 책에 소개된 일화이다. 폴 마이어의 고민은 베풀어야 할 사람과 그 금액이 늘어난다는 것이 아니었다. 때때로 그가 예상했던 것보다 더 많은 돈을 벌게 되어 원래 계획했던 것보다 많이 베풀어야 하기 때문에 더 분주해진다는 것이었다. 그는 단지 기부하는 것에 그치지 않고 시간을 내서 현장을 찾아갔고 그들의 이야기를 들으며 활동에 함께 참가했다. 의견을 나누고 현장에 필요한 지원을 아끼지 않았다. 무작정 베풀기보다는 삶의 희망을 공유하는 것에 중점을 둔 것이다.

또한 폴 마이어는 기부의 금액이 증가하는 것도 중요하지만, 더 중요한 것은 지속적으로 기부하는 것이라고 보았다. 그래서 해마다 1월이면 모든 옵션이 다 붙은 보험을 하나 들었다. 자신이 죽고난 뒤에도 기부를 받던 사람들의 고정 수입이 줄어들지 않게 하기 위한 장치였다. 그의 베풂이 단순한 자선이 아니고 예술로 승화되었다고 말할 수 있는 이유가 바로 이것이다. 그의 인생에 관해 듣다 보면, "벌 수 있는 모든 것을, 아낄 수 있는 모든 것을 아껴서, 줄 수 있는 모든 것을 주어라."라고 외치던 감리교 창시자 존 웨슬리John Wesley의 설교를 듣는 것 같다.

폴 마이어의 신조는 "마음속에 그린 것을 생생하게 상상하

폴 마이어의 고민은 베풀어야 할 사람과 그 금액이 늘어나는 것이 아니라,

예상했던 것보다 돈을 더 많이 벌게 되어

더 많이 베풀어야 하기 때문에 분주해진다는 것이었다.

베푼 것이 많아야 행복한 뉴 리치, 그는 골든 그레이의 표상이다.

고 간절히 바라며 깊이 믿고 열의를 다하여 행동하면 그것이 무엇이든 반드시 현실로 이루어진다.”라는 실천 철학이다. 그 신조는 사업뿐만 아니라 나눔에서도 그대로 실천되었다.

그는 버는 일 못지않게 베푸는 일에도 치열한 목표를 설정하고 액션플랜을 세웠다. 그 결과를 생생하게 상상하고 굳게 믿고 열의를 다해 행동한다는 자신의 신조를 실천했다. 그가 LMI와 SMI를 설립한 것도 돈을 벌기 위해서가 아니라 사람들에게 목표 달성 노하우를 알려주려는 베풂의 목적에서 시작된 일이다.

리더십 전문가 존 맥스웰John Maxwell도 그의 프로그램에서 감화를 받아 세계적인 인물이 되었다. HRD 산업의 선구자이자 한국인간개발연구원 설립자인 장만기 박사 역시 LMI와 SMI 프로그램에 감명하여 한국에 처음 소개했다. 지금 이 글을 쓰고 있는 나 역시 장만기 박사로부터 이 프로그램을 교육받았고 그 최대 수혜자 중 한 사람이 되었다. 나는 그의 이름만 들어도 가슴이 뛴다. 나처럼 ‘폴 마이어’라는 이름을 발음하기만 해도 뭔가 상기되고 감사함을 느끼는 사람들이 세계 도처에 있다. 바로 그가 나누어준 삶의 지혜 때문이다.

그는 100세 시대, 골든 그레이의 표상이다. 옛날 부자, 올드 리치Old rich는 손에 쥔 돈이 많아야 행복했다. 요즘 부자, 뉴 리치New rich는 베푼 것이 많아야 행복하다. 50 이후의 50년, 베풂이라는 예술이 이슬처럼 우리를 적시고 있다.

08

민들레 막걸리
한잔하면,
그게 시작이다

어느 바닷가, 배낭을 멘 남자가 마을 한쪽 구석의 외딴집 정낭 앞에서 소리친다.

"안녕하세요? 며칠 전에 연락드린 홍길손입니다."

잠시 후 안채에서 주인이 미소를 지으며 나타난다.

"아, 홍 선생님 어서 오세요. 제가 이 집 주인입니다."

"선생님 반갑습니다. 며칠 신세 좀 지겠습니다."

"신세라니요. 제가 더 감사한 일입니다. 이렇게 심심한데 말동무가 생겼으니까요. 이쪽으로 들어오세요. 시장하시죠? 가방만 들여놓으시고 곧바로 나오세요. 산나물 비빔밥을 준비해놓았습니다. 어제 뒷산에서 종일 나물을 캤거든요."

"저도 산나물 좋아하는데요! 정말 감사합니다."

길손은 넓은 온돌방을 안내받았다. 발바닥에 느껴지는 따스함에서 손님을 맞이하는 주인의 정성이 전해졌다. 동서남북 사방에 창이 달렸고 한쪽 벽은 책으로 장식되어 있는데 줄잡아 3,000권은 넘어 보였다. 그중 특히 유리문인 책장을 자세히 보니 모두 집주인이 쓴 책이었다. 방 한가운데에는 옛날식 앉은뱅이 책상이 하나 놓여 있고 한쪽 구석에는 이불 한 채가 보인다. 길손은 "이런 데서 한 1년만 살면 참 좋겠다."고 혼잣말을 하며 책상 옆에 배낭을 내려놓고 안채로 간다.

점심을 마친 주객이 찻잔을 놓고 마주 앉았다.

"산나물도 향기로웠는데 이 차는 더 기이한 맛이 납니다."

"민들레 뿌리 삶은 물에 코냑을 살짝 얹은 것입니다. 제가 워낙 민들레를 좋아해요. 그 놀라운 생존력에 늘 감탄하지요."

"제게는 이 민들레처럼 꿋꿋하게 버티는 힘이 없는 것 같습니다. 나이는 벌써 50을 바라보고 있는데 말이죠. 민들레처럼 강인해지려면 무엇부터 시작해야 할까요?"

"오늘 저녁 저하고 민들레 막걸리 한잔하시면, 그게 시작입니다."

"역시 우문에 현답이십니다."

"자, 여기 이 수첩에 민들레 막걸리를 제대로 즐기는 방법들이 적혀 있어요. 앞부분만 대충 읽어보시고 저 앞 해변을 서너 시간 걸으면서 그 방법들을 곰곰이 되씹어보세요. 그리고 저녁엔 제가 말린 생선과 나물 안주로 진짜 막걸리 한 잔 내겠습니다. 저와 함께 그 문제를 이야기해봅시다."

"네 선생님, 감사합니다. 그리고 기대됩니다."

길손은 주인의 말대로 수첩과 볼펜을 챙겨 산책을 나섰다. 언덕을 넘고 들판을 가로지르고 다시 언덕을 넘으니 이번엔 기암괴석이 나온다. 바위에 걸터앉아 수첩을 들여다보니, 길손이 고민하고 있는 것이 몇 마디의 질문으로 요약해 적혀 있었다. 그리고 그에 대한 답을 적으라고 되어 있었다.

"분명 막걸리 맛있게 마시는 방법이라고 했는데 실제로 수첩엔 인생 질문들만 적혀 있잖아?"

그렇게 혼자 중얼거리며 걷다가 수첩을 들여다보고, 또 걷다가 앉아 수평선을 바라본다. 수첩에 있는 질문들에 대한 나름의 답변을 생각하다가 백사장에 이르면 조약돌을 집어 바다에 던져본다. 그러다 문득 생각난 것들을 수첩에 적는다. 해가 완전히 기울어 어두워지기 시작할 무렵 숙소로 돌아온 길손은 간단히 샤워를 하고 벌렁 드러누웠다. 이런 저런 생각을 하고 있는데 노크 소리와 동시에 문이 열리며 주인이 말을

손님을 기다리다 손님이 없으면 바다에 나가 돔을 잡고
봄엔 나물 캐고 가을엔 열매 줍고 눈 쌓이면 책을 읽고,
그렇게 놀멍 쉬멍 먹으멍…
자유와 방종 사이를 왔다 갔다 하면서
나를 이끌어온, 계속해서 나를 미지의 세계로 안내할
목적의식의 끈을 놓지 않는 삶을 살리라.

건다.

"산책 잘 하셨나요?"

"네, 수첩 덕분에 저의 진짜 모습을 잠시나마 들여다보게 되었습니다."

"건너오셔서 식사합시다."

"네, 감사합니다."

식사를 하면서 길손이 묻는다.

"책을 많이 모아 두셨네요."

"마음껏 읽으세요. 읽다가 가져가고 싶은 건 가지고 가세요. 돌려보내줘도 되고 안 돌려보내도 상관없습니다."

"감사합니다."

"식사 마치고 자유롭게 쉬고 계세요. 한 10시쯤 되면 제가 낮에 말씀드린 민들레 막걸리를 들고 건너가겠습니다."

그렇게 3일이 지나고 짐을 챙겨든 길손이 인사를 한다.

"선생님 감사합니다. 제가 도착해야 할 목표지점이 어디인지 분명히 알게 되었습니다. 혹시 그곳에 도착한 다음 다시 찾아와도 되겠습니까?"

"네, 그땐 홍 선생이 민들레 막걸리를 들고 오세요."

"먹고 자고 한 것도 그렇지만 그보다 선생님과 대화하면서 알게 된 엄청난 내용들을 생각하면 도저히 그냥은 못 가겠습니다. 최소한 얼마간의 성의라도 표하고 싶은데 어떻게 해야 할지 모르겠네요."

"원래 돈은 받지 않습니다."

"그래도 제가 너무 부담이 됩니다."

"정 그렇다면 홍 선생이 합당하다고 생각하시는 금액을 연말에 구세군 자선냄비에 넣어주세요. 그러면 제가 받은 것과 같습니다."

그런 길손이 매년 50명씩 30년 동안 찾아오는 것, 그것이 내가 꿈꾸는 미래이다. 길손들은 부담 없이 오면 된다. 돈은 받지 않는다. 정말 부담이 된다면 능력 또는 형편이 허락하는 대로 연말 구세군 자선냄비에 넣으라고 할 것이다. 그렇다고 아무나 무작정 받아들이지는 않을 것이다. 어떤 성공이나 실패로 인해 삶의 갈림길에서 숙명적인 선택을 해야 하는, 진실한 방랑자들만 환영할 것이다.

그래서 그런 집을 지으려고 요즈음 매일 땅 쇼핑을 한다. 돈은 모자라고 눈은 높아 여간 힘든 작업이 아니지만 지성이면 감천. 언젠가는 내게 딱 맞는 집터가 나타날 것이다. 그래서 안채와 별채가 따로 있는 초옥이 완성되면 거기서 놀며 쉬며 먹으며 손님을 기다리고 손님이 없으면 바다에 나가 돔을 잡고 그걸 먹고 힘이 나면 뒷산에 올라가고, 봄엔 나물을 캐고 가을엔 열매 줍고 비가 오면 낮잠을 자고 눈이 쌓이면 책을 읽으며 '놀멍 쉬멍 먹으멍….'

그렇게 있는 돈 다 쓰고 가진 책 다 나눠주고 남은 힘마저 다 소진시키고 나면 필시 영혼에 커다란 빈터가 생겨날 것이고, 그렇게 되면 그 빈터에 뭔가 새로운 것들이 들어찰 것이다. 그 빈터에 지혜의 영, 묵시의 영, 창조의 영이 자라면 그런 영적 에너지들은 내 삶을 완성시킬 숙명적인 하나의 작품, 제법 읽을 만한 장편소설 한 권 쓸 정도의 힘을 내게 선물할 것이다. 나는 안간힘을 쓰진 않겠지만 그렇다고 그럭저럭 적당히 살지는 않을 것이다. 자유와 방종 사이를 왔다 갔다 하면서 나를 이끌어온, 또한 계속해서 나를 미지의 세계로 안내할 목적의식의 끈을 놓지 않을 것이다.

09

부를 넘어
'부의 시크릿'을 전수한다

"카네기 씨, 세계에서 가장 부유한 사람이 되신 것을 진심으로 축하드립니다."

1901년, US스틸United States Steel Corporation을 설립하며 카네기 철강회사를 4억 8천만 달러에 인수한 제이피 모건J.P.Morgan이 앤드류 카네기Andrew Carnegie에게 한 말이다. 4억 8천만 달러라는 천문학적인 금액을 손에 쥐었을 때 카네기의 나이는 66세였다. 그날부터 세상을 떠난 1919년까지 18년 동안 카네기의 목표는 오직 하나, 자신의 전 재산을 다 쓰고 죽는 것이었다.

그러나 모건으로부터 받은 4억 8천만 달러는 카네기 재산의 극히 작은 부분에 지나지 않는다. 행복의 문을 여는 열쇠,

'카네기 시크릿'이 그의 가장 큰 재산이었기 때문이다. 그의 묘비에는 이렇게 적혀 있다.

"자기 자신보다 더 우수한 사람을 어떻게 다루어야 하는지 알았던 사람이 여기 누워 있다."

그에게는 부자로 가는 좁은 문, 그곳으로 들어가는 은밀한 패스워드, 즉 카네기 시크릿이 있었다. 카네기는 재단을 세우고 자선기금을 내는 것보다 부자가 되는 비밀, 카네기 시크릿을 사람들에게 알려주는 일이 더욱 값지고 중요한 것이라고 판단하였다. 그래서 그 일을 함께 해나갈 사람을 찾느라 애를 썼다. 그러던 중 나폴레온 힐Napoleon Hill이라는 한 잡지사 기자가 인터뷰를 청해왔다. 카네기는 그를 자신의 사무실로 오라고 했다. 애초에 약속된 시간은 40분 정도였지만 어두워질 때까지 인터뷰는 끝나지 않았다.

카네기가 힐에게 물었다.

"우리 집에 가서 함께 식사하면서 계속 이야기하지 않겠나?"

"네, 그러죠."

그렇게 시작된 위대한 대화는 사흘 밤낮으로 계속되었다. 카네기는 이만하면 충분히 설명하였고 또 충분히 알아들었을 것이라는 판단이 들어 힐에게 물었다.

"자, 나는 지금까지 사흘 동안 자네에게 인생의 지혜, 성공의 비밀을 설명하였다네. 어떤가? 성공의 본질, 핵심을 알 것 같은가?"

"네, 뭔가 크게 깨달았습니다. 감사합니다."

"내가 설명한 이 성공 철학의 핵심을 다른 사람들에게 나처럼 명확히 설명할 수 있을 것 같은가?"

"네, 그럴 것 같습니다."

"그렇다면 지금까지 내가 설명한 성공의 비밀을 교육 프로그램으로 만들어 많은 사람들에게 전해주는 일을 위해 한 20년 정도 투자해볼 용의가 있는가? 단, 내게서 금전적인 지원을 받진 못할 걸세, 그래도 해보겠는가?"

"네, 그래도 해보겠습니다."

카네기가 주머니에서 스톱워치를 꺼내 들었다.

"29초 걸렸네. 자네가 결심하는 데 걸린 시간 말이네. 자네의 결심이 1분을 넘겼더라면 자네도 지금까지 나를 실망시킨 260명과 같은 부류로 기억될 뻔했네. 그런 결정을 하는 데 1분 이상 망설이는 사람은 아무 짝에도 쓸모가 없지."

세계 최고의 부자이고 부자가 되는 비결에 관해서도 세계 최고라고 할 수 있는 73세의 앤드류 카네기와 25세 잡지 기자 나폴레온 힐의 위대한 약속이 이루어지는 순간이었다. 카네기는 자신이 가진 진짜 보물을 많은 사람들에게 나눠주기를 원했다. 그래서 그것을 설명하고 보급해줄 사람을 적극적으로 찾고 있었던 것이다. 그 일을 제대로 준비하기 위해선 최소한 20년은 걸릴 것이라는 점을 꿰뚫고 있었다. 그래서 무려 260명의 가능성 있어 보이는 사람들에게 카네기 시크릿을 설명하고 "내 대신 이것을 20년 정도 연구해서 사람들에게 전달해보지 않겠나?"라고 질문했다. 그러나 260명의 대답은 "노 땡큐No thank you"였다.

카네기는 포기하지 않았고 261번째 후보자를 만났다. 그리고 마침내 나폴레온 힐이라는 인물을 찾아냈다. 그래서 탄생한 책이 《생각하라! 그러면 부자가 되리라》이다.

미국에서만 3,000만 부가 넘게 팔린 그 엄청난 책은 전 세계적으로 보급되어 수만 명의 실패자들을 위대한 성공으로 이끌었고 자살을 결심했던 수많은 사람들이 삶의 소망을 되찾게 하였다. 방황하는 사람들에게 방향 감각을 일깨웠으며 꿈은 있으나 방법을 몰라 고민하던 수백만 독자들에게 꿈을 현실로 만드는 노하우, "THINK"를 터득하게 하였다. 나폴레온 힐은 그 위대한 책의 서문에서 약속이 이루어지던 순간 카네기의 모습, 사람들에게 부자가 되는 비밀의 문으로 들어가는 패스워드를 알려주기 위해 그가 얼마나 진지하고 열렬하게 노력해왔는지를 생생하게 증언하고 있다.

"그는 의자에 앉으며 기쁨의 눈물을 흘렸다. 그리고 그가 내게 설명한 '시크릿'을 내가 제대로 알아들었는지, 내가 그만큼 영리한지 살폈다. 내가 핵심을 파악했다는 판단이 들자 그는 내게 '시크릿'을 세상에 전해줄 준비를 20년 이상 해볼 용의가 있느냐고 물었다."

상상해보자. 나폴레온 힐이 문제의 그 '카네기 시크릿'을 정확하게 이해했다는 사실이 확인된 순간 눈물을 흘리며 기뻐하던 카네기. 얼마나 진하고 깊은 감동이 솟구쳤을까? 가족을 위해서도 아니고 친근한 마을 이웃도 아니고 아는 사람도 아니고 그냥 '모든 사람'을 위해 이토록 진정성 있고 격렬한 기쁨의 눈물을 흘릴 수 있단 말인가? 얼마나 고상하고 고결한 영혼의 전율인가? 얼마나 아름답고 존엄한 목적의식인가?

비록 카네기 같은 명성은 없을지라도, 카네기처럼 탁월하고 호소력 있는 교훈을 담아내지는 못한다 하더라도, 살면서 성공하고 실패하고 만들고 부수고 그렸다 지웠다 하면서 얻은 시크릿은 인생을 50년 이상 살아온 사람이라면 누구에게나 있기 마련이다. 특히 자기의 고유한 전문 영역의 프로로서 거기에 세월의 경륜까지 붙은 '프로페셔널 그레이Professional gray'로서, 세상의 중심에 서서 시대의 숨결을 호흡한 현명한 사람이라면 더욱 그러할 것이다. 100세 시대라고 하는 미증유의 불확실성 지대로 나가는 대열의 맨 앞줄에 서 있는 현자라면, 그 시크릿을 사람들에게 전하여 그들이 윤택해지게 돕는 즐거움을 마다할 리가 없다.

사람에 따라서 그 시크릿을 책으로 펴낼 수도 있을 것이고 그림으로, 조각으로, 노래로, 건축물로, 박물관으로, 아니면 연극이나 매뉴얼 형태로 남길 수도 있을 것이다. 그렇게 피와 땀과 정성이 담긴 창작물을 다음 세대에게 전하여 그것이 행복의 열쇠가 되게 하는 색다른 희락을 누리며 50 이후 50년이라는 시간 창고를 채워나갈 수 있는 기회가 주어지는 것, 그것이야말로 100세 시대의 뉴 리치, 골든 그레이가 누릴 최고의 축복이다.

10

나의 보폭과 행보가
시대의 길이 된다

이재규 교수의 《노년의 탄생》을 보면, 현대 경영학의 대부 피터 드러커 Peter Ferdinand Drucker와 나눈 대화가 쓰여 있다.

"박사님은 정치학자, 경제학자, 사회학자, 철학자, 역사학자, 경영학 교수, 저널리스트, 경영 평론가, 경영 컨설턴트 그리고 소설가 가운데 무엇이 가장 마음에 드는 호칭입니까?"

"나는 사회과학 겸 경영학 교수입니다."

"박사님, 이제 92세가 되셨는데 지금은 뭐라고 불러드려야 할까요?"

"사회생태학자라고 불러주세요"

"박사님은 어떤 사람으로 기억되길 바랍니까?

"몇몇 사람들이 그들의 목적을 달성하도록 도와준 사람으로 기억되고 싶습니다."

그의 책《단절의 시대》에서 인생 이모작, 다모작이라는 대목을 읽고 받았던 강렬한 인상은 지금 이 책을 쓰게 된 기초개념이 되었다. 그의 안내를 받은 셈이다.

《프로페셔널의 조건》이라는 책은 젊은 직장인이 인생의 비전을 발견하는 데 큰 도움을 주고 있다. 나는 그 책을 읽으면서 그가 런던에서 촉망받는 은행원으로 있다가 자신의 가치관에 따른 삶을 살기 위해 은행을 그만두고 경영학 공부를 시작하는 대목에서 크게 감명했다. 은행에 그냥 있으면 안정된 소득과 보장된 미래가 있는데도 그것을 포기하고 인간경영 연구에 나선 용기와 결단에 경외심이 생긴 것이다. 특히 "대공황 시절에 은행을 그만둔 나는 돈도 없었고 직업도 없었고, 그리고 전망도 밝지 않았다. 그러나 나는 은행에서 물러났다. 그리고 그것은 옳은 결정이었다."라고 한 말이 나에게 큰 용기를 주었다. 그래서 지금의 비전스쿨을 시작할 수 있게 되었다. 그는 내가 목표를 달성할 수 있게 도움을 준 것이다.

드러커는 대학 강사, 신문기자, 은행원 등의 직업을 거치면서 얻은 통찰력과 예리한 분석으로 36세이던 1945년에 《새로운 사회》라는 책을 발표하여 자신을 세상에 알렸다. 그리고 60세가 된 1969년에는 《단절의 시대》를 발표해 세계의 이목을 끌었다. 그 후 2005년 95세에 타계할 때까지 무려 60년 동안 세상의 중심에 서서 사람들을 안내하였다. 책과 강의를 통해 아직 산업사회의 때를 벗지 못한 20세기 세상을 '지식사회'라는 새로운 세상으로 안내한 것이다. 그가 내딛는 한 걸음 한 걸음이 시대의 길이 되었고 그가 남긴 한 땀 한 땀의 글은 시대의 양식이 되었다. 내딛는 모든 보폭과 행보가 고스란히 시대의 길이 된 것이다.

골든 그레이로 살아간다는 것은 바로 드러커처럼 시대의 길을 만들어나갈 수 있는 기회를 가졌다는 의미이다. 다시 말하면, 자신의 고유 영역에서 30~40년 동안 사람들을 안내하는 역할을 할 수 있게 된 것이다. 당대의 명인이 되어 창조적 계급에 속하는 삶을 살고 세상의 중심에 서서 누군가를 미래로 안내하고 시대의 길이 되는 것, 누군가의 역할 모델로서 그에게 길을 제시하고 그가 좀 더 향상될 수 있도록 선한 영향력을 발휘하는 것, 힘 있는 리더, 파워 시니어Power senior의 삶을 40~50년 살 수 있는 것, 그것이 골든 그레이의 희락이다.

11

가져봐야 뭐해,
써야 내 것이지

언젠가 가수 이장희가 TV에 나와서 "내가 가진 것이 내 재산이 아니고 내가 쓴 것이 내 재산이다."라고 말한 적이 있다. 그 말은 많은 공감을 일으켰다. 많이 가진 사람이 부자가 아니다. 많이 쓰는 사람이 부자이다. 많이 쓰되 자기 일신의 안일과 향락을 위해서 쓰는 사람은 작은 부자이고, 이웃과 사회를 위해서 쓰는 사람은 큰 부자이다. 100년이라는 결코 적지 않은 시간 동안 '큰 부자'의 포트폴리오에 자본을 투자하는 즐거움을 누리는 것, 그것이 바로 50 이후 찾아온 50년의 골든 타임에 우리가 누려야 할 축복이다.

영풍상호신용금고 CEO를 세 차례나 역임한 김기선 씨는 2001년, 57세 때 택시기사가 되었다. 그는 사장 지위에 계속 있을 수 있었지만 더 늦으면 '인생 2막'을 시작할 시기를 놓칠 것 같았기 때문에 변신을 서둘렀다.

그는 젊은 시절 일본 도쿄로 휴가를 갔다가 은퇴한 노인들이 여관에서 구두를 닦고 벨보이로 일하는 모습을 보게 되었다. 그들 중에는 고위관료 출신이나 사업가 출신도 있다는 말이 특히 인상 깊었다. 또 그렇게 일해서 돈을 모아 자선단체에 기부도 한다는 것이었다. 건강하게 일하는 일본 시니어들의 모습을 보고 그는 '나는 퇴직 후 무엇을 할까?' 고민했다. 머리를 쓰는 것보다 단순한 육체노동이 좋을 것 같았다. 또 정년이 없어야 하고, 나름의 스케줄을 세워 살 수 있으면 좋겠다고 생각했다. 무엇보다 전에 안 해본 일을 하고 싶었다. 그래서 선택한 것이 개인택시였다.

그렇게 시작한 택시 인생이 어느새 10년을 넘었다. 처음에 그는 금융기관이라는 한 우물을 파기로 했다가, 평균 수명 100세라는 요즘 같은 시대에 한 우물만 파고 산다는 것이 너무 지루하고 답답하게 느껴졌다. 그래서 전혀 색다른 분야로 일터를 옮긴 것은 잘한 일이었다고 그는 자랑한다. 요즘도 그는 새벽 6시 30분이면 어김없이 택시를 몰고 거리로 나선다.

돈을 벌기 위해서가 아니라 사람들에게 '귀 봉사'를 해주기 위해서이다.

그의 말에 따르면 택시 안은 세상의 축소판이다. 택시를 몰고 다니다 보면 별의별 사연을 가진 사람들을 다 만난다. 한 사람 한 사람의 이야기를 듣다 보면 자신의 1평짜리 택시가 어느덧 '달리는 상담실'이 된다고 한다. 택시라는 상담실은 철저한 익명과 비밀이 보장된다. 내리면 끝이니까. 그래서 사람들은 자기 신상에 관한 것, 배우자에게도 차마 말하지 못하는 일을 털어놓는다. 처음에는 그들이 고민을 털어놓으면 뭔가 도움이 되는 말을 해줘야 하나 고민했지만, 그들이 원하는 것은 명쾌한 해답이나 해결책이 아니었다. 그저 진지하게 들어줄 사람, 시원하게 속마음을 털어놓을 곳이 필요했던 것임을 점차 알게 되었다. 2005년에는 이런 경험을 묶어 《즐거워라 택시 인생》이라는 책을 내기도 했다. 자신도 모르는 사이에 작가라는 세 번째 직업을 갖게 된 것이다.

현재 김기선 씨는 70세를 바라보고 있지만 세상이라는 무대에서 언제까지나 소멸되지 않는 아름다운 목적을 이루어가고 있다. 많이 벌고 많이 모으는 것이 아니라 많이 퍼주고 있다. 돈이 아니라 마음과 귀를. 그는 아름다운 귀로 아름다운 목적, 미츠바Mitzvah를 추구하는 골든 그레이라고 할 수 있다.

김기선 씨는 언제까지나 소멸되지 않는
아름다운 목적을 이루어가고 있다.
택시라는 세상의 축소판 안에서,
한 사람 한 사람의 이야기를 들으며
돈이 아닌 아름다운 마음과 귀로,
자신의 미츠바를 추구하는 골든 그레이의 삶을 살고 있는 것이다.

자신이 선택한 길에 아름다운 의미를 부여하며 골든 타임을 보내고 있다.

77세 김경자 씨는 양평에서 25년 동안 옻닭 집을 하고 있다. 그녀의 옻닭 집이 번성하는 이유는 약초와 산나물 때문이다. 옻닭 한 그릇을 시키면 산나물과 약초가 한 소쿠리 나온다. 어떤 것은 생으로, 어떤 것은 살짝 데쳐서 된장과 함께 먹을 수 있다. 어떤 것은 잎을 먹고, 어떤 것은 줄기를, 어떤 것은 뿌리를 먹는다. 다래순, 옻순, 두릅, 신선초, 당귀, 삼나물, 곰취, 병풍취, 곤드레, 산마늘, 산마, 머윗대… 물론 옻닭도 일품이지만 온갖 향기로운 약초 나물이 입맛을 더욱 돋운다. 옻닭보다 약초, 아니 약초보다 그녀의 약초 강의가 더 하이라이트이다. 소쿠리에 담긴 그 모든 약초는 그녀가 직접 산에서 캐거나 뜯어온 것이다. 그녀가 식당을 하는 이유는 옻닭을 팔기 위해서라기보다 그 약초들을 자랑하기 위해서이다.

그녀는 자칭 약초 전문가이다. 어떤 약초, 무슨 나물이 어디에 좋고 그 나물은 어디에 가면 캘 수 있으며 그것을 어떻게 다루어 먹을 수 있는지에 대해 이야기보따리를 풀어놓으면 명품 본초학 강의가 된다. 그래서 단골손님 중에 한의사들도 많다고 한다.

그녀가 약초를 알게 된 것도 한의사였던 할아버지 덕택이

다. 그녀는 어려서부터 늘 할아버지와 함께 지내는 걸 좋아했
는데 할아버지는 약초에 대해 설명하며 어디 가면 그 약초가
있고 어떻게 처리하여 약에 쓰는지를 알려주고 그대로 하도
록 심부름을 시켰다. 그래서 직접 캐다가 다루어서 할아버지
약방에 갖다놓곤 하던 일이 아직 손을 떠나지 않아서 약초 전
문가가 되었다는 것이다.

그녀를 보면 50대 정도일까 싶은 얼굴인데, 알고보면 내일
모레 80세이다. 도저히 믿기지 않는다. 동안의 비결은 약초
를 많이 먹어서, 약초를 캐러 매일 산에 오르기 때문이라고
한다. 그녀는 식당을 하지 않아도 충분히 먹고살 돈이 있다.
주변에선 이제 고생은 그만하고 편히 살라고 아우성이지만
그녀는 들은 척도 않고 365일 식당 문을 연다. 돈을 벌기 위
해서가 아니라 약초를 제공하기 위해서이다. 그녀는 움직일
수 있는 마지막 순간까지 한 사람이라도 더 만나 약초 보신
론, 본초학 강의₂를 하고 싶다.

어찌 보면 그녀는 약초에 관한 약간의 상식만 있을 뿐이다.
그러나 자신에게 있는 작은 것에 선한 목적을 보태고 자기 나
름의 의미를 부여해놓고 보니 하나의 아름다운 목적이 되고
존재의 이유가 된 것이다.

이상봉 씨는 백마부대 부사단장을 지낸 역전의 용사이다. 18세에 학생 신분으로 6.25 한국전쟁에 혈서로 지원하여 전쟁 중 육군사관학교를 졸업하고 30년 동안 군인으로 살았다. 1959년 육군 군사 영어반에서 영어를 배운 그는 미국 본토에 파견되어 2년간 근무하면서 본토 영어를 익혔다. 이후 군 내부에서 '영어 달인'이라는 별명을 얻을 정도로 영어에 능통해졌다. 언젠가 미국인 신랑과 한국인 신부의 국제결혼식에서 동시통역으로 주례를 서기도 했다. 1972년엔 맹호부대의 대대장으로 월남전에도 참전했다.

1983년 전역한 그는 대기업의 상임고문으로 일했다. 그러면서 보다 먼 미래를 보고 긴 호흡으로 할 수 있는 일을 찾기 시작했다. 자신이 잘 할 수 있는 일, 자신이 좋아하는 일이 무엇인가를 숙고했다. 잘 하는 건 영어, 좋아하는 건 어린이라는 결론을 얻었다. 6.25 한국전쟁과 월남전을 겪으면서 숱한 아이들의 희생을 목격한 그는 현역 시절엔 박봉을 털어 울릉도 아이들에게 가방을 보내주는 활동을 하기도 했다. 또 그의 아내도 어린이집을 운영하고 있었다.

영어와 어린이, 이 두 단어가 만나서 어린이집 영어교사라는 꿈이 되었다. 그는 54세에 교육대학원에 들어가 교원자격증을 땄다. 영어 실력과 자격증, 교원으로서 준비가 끝난 것이다. 곧이어 아내가 운영하는 어린이집의 영어교사가 되었다. 그는 지금 노랑머리 원어민보다 더 인기가 좋은 스타 선생님이다.

"에이, 피, 피, 엘, 이, 애플."

오늘도 앵두 같은 작은 입술들이 그의 입을 따라 오물오물 움직인다. 아이들은 많이도 아니고 딱 한 마디 익혀서 집으로 달려간다. 냉장고 문을 확 열어 사과를 가리키며 엄마에게 묻는다.

"엄마, 사과가 영어로 뭔지 알아?"

"뭔데?"

"애플이야, 애플. 오늘 우리 유치원 그랜파 티처가 가르쳐줬어."

폴 마이어는 소득의 절반을 사회에 환원함으로써 기부를 예술로 승화시켰다. 김기선 씨는 이야기를 들어주는 열린 마음으로 '택시 인생'이라 부르는 섬김의 삶을 창조하였다. 박상봉 씨는 어린이들에게 영어를 선물하며 나눔의 철학을 만들어가고 있다. 이들은 진정한 골든 그레이, 자신의 선택에 선한 의미를 부여하며 아름다운 스토리를 창조하고 있는 사람들이다. 성공과 행복의 개념을 근본적으로 바꾸어놓고 있는 것이다.

12

미츠바,
우리 삶의 존재 이유

수년 전, 나는 워싱턴 근교에 살고 있는 어떤 사업가의 집에 며칠 머물 기회가 있었다. 그는 한국과 과테말라에서 제조업으로 큰 성공을 거두고 교육 분야에서도 많은 업적을 남긴 원로였다. 그는 자신의 남은 재산을 모두 정리하여 세계적인 규모의 리더십 개발 센터를 세우겠다는 포부를 나에게 말했다.

나는 그의 설명을 듣고 그를 위해 몇 시간을 씨름하여 삶의 목적 선언문을 작성하게 되었다. 그 선언문에는 "나는 늦어도 2022년까지 '에즈라 리더십 센터'를 세워 10만 명 이상의 한국계 엘리트들에게 글로벌 리더로서의 덕목을 갖추게 할 것이며…"라는 대목이 있었다.

그 글을 처음 읽는 순간 그가 기뻐하던 모습이 지금도 눈에 선하다. 왜냐하면 2022년이면 그는 96세가 되기 때문이다. 그러니까 일단 96세까지 살아 있다는 말이 된다. 난 사실 거기까진 생각하지 못하고 일의 추진 속도에 따라 날짜를 제시한 것인데 그는 다른 측면을 보았던 것이다. 그리고 헤어질 때 아주 맛있는 곶감을 선물로 받았다.

그 일이 있고 얼마 지나지 않아 나는 강원도의 한 노인 대학에서 특강을 하게 되었다. 내가 워싱턴에서 있었던 일을 소개하고 덧붙여 "비전, 아름다운 목적을 가지면 수명이 연장됩니다!"라고 외쳤을 때 모든 학생들(?)이 일어서서 박수치던 모습을 잊을 수가 없다.

생물의학이나 뇌과학 분야의 세계적인 권위자들에 따르면 "지구라는 호텔에서 100년을 행복하게 묵기 위해서는 미츠바 없이 불가능하다."고 말한다. 이스라엘 율법에서 미츠바 Mitzvah는 '비이기적인 선한 목적'을 의미하는데, 이는 긍정적인 삶의 원동력을 뜻한다. 랍비들의 설명에 따르면 미츠바는 '사람을 진리에 연결시켜주고, 세상에 정의를 구현하게 하며, 인간의 소외와 악을 막는 영적 에너지'이다. 나아가 사람들에게 자존감을 강화시켜주고, 만나는 모든 사람을 더 풍요롭고 행복하게 해주려고 하는 모든 선한 의도라고 한다.

미츠바, 아름다운 목적을 가진다는 것은 우리의 모든 관심과 에너지를 자기중심적인 것에서 벗어나 밖으로 향하게 하는 것을 말한다. 곤경에 처한 사람들을 도와주는 것을 존재의 이유로 삼는 것이다. 그것이 미츠바이다. 다른 사람들에게 작은 행복을 선물하기 위해 자신의 편안함을 희생하는 것, 자기의 시간과 자원을 고통 가운데 있는 사람들을 위해 쓰는 것이다. 자기 자신의 세계에만 집중되어 있던 눈을 돌려 다른 사람의 세계에 관심을 둔다는 것은 결코 쉬운 일이 아니다. 누구나 이 단계에서 갈등한다. 그러나 골든 그레이의 대열에 합류한 대부분의 사람들은 100세에 이르도록 뒤로 물러서지 않고 세상의 중심에 서서 시대의 숨결을 호흡하는 삶을 이어가기 위해 이 갈등을 극복해낸다.

골든 그레이는 미츠바를 추구하며 살아간다. 그런 결의가 생명력을 지탱하는 에너지가 된다. 골든 그레이로서의 진정한 삶을 찾고 싶다면, 먼저 기존의 자기 삶을 잃어야 한다. 100년의 행복으로 가는 길은 이것 외에 다른 길이 없다. 다른 길은 너무 빨리 결말이 나고 싱겁고 시시하다. 너무 일찍 지루해지고 싫증이 난다. 너무 빨리 변질되고 그 결말은 공허함이다.

미츠바, 아름다운 목적은 우리에게 달성할 목표를 가지게 해 준다. 아름다운 목적은 우리로 하여금 하나의 방향으로 달려갈 동기와 에너지를 심어준다. 아름다운 목적, 미츠바는 삶의 가치를 부여하고 새로워지는 행동을 시작하게 한다. 미츠바는 스트레스나 장애물을 극복할 수 있는 탄력성을 제공한다. 특히 나이가 들어 미츠바가 없으면 지난날을 돌아보며 탄식과 비탄, 우울증에 빠지게 된다. 가슴에 하나쯤 아름다운 목적, 고결한 꿈을 품어보자.

그런 고상한 꿈을 품었던 사람들이 어떻게 삶의 대업을 이루었는지 살펴보자. 그랜마 모제스Grandma Moses라 불리는 미국 화단의 스타 안나 매리 로버트슨 모제스Anna Mary Robertson Moses는 평범한 가정주부였다. 그녀가 그림을 그리기 시작한 것은 미국인들에게 활기찬 삶의 메시지를 전하기 위해서였다. 그녀에게 아름다운 목적이 있었던 것이다. 메리 베이커 에디Mary Baker Eddy는 87세에 사람들에게 건강과 과학 그리고 종교의 관계를 옳게 인식시키려는 아름다운 목적으로 크리스천 사이언스 모니터The Christian Science Monitor를 창설했다. 벤저민 프랭클린은 78세 때 이중초점의 안경을 발명하였다. 부자가 되기 위해서가 아니고 사람들에게 도움이 되기 위해서였다. 목적이

미츠바(Mitzvah), 아름다운 목적은 우리에게 달성할 목표를 가지게 해준다.
아름다운 목적은 우리로 하여금 하나의 방향으로 달려갈 동기와 에너지를 심어준다.
아름다운 목적, 미츠바는 삶의 가치를 부여하고 새로워지는 행동을 시작하게 한다.

있는 사람에게 나이는 한계가 아니다. 아름다운 목적을 추구하고 있는 동안 나이 시계는 돌아가지만 수명 시계는 멈추기 때문이다.

미츠바가 수명과 직접적인 관련이 있다는 증거도 있다. 한 연구 조사에 따르면, 6,274명의 대상자들을 3년간 추적하는 과정에서 449명이 세상을 떠났다. 남은 자와 떠난 자의 특징을 비교한 결과 수명을 결정하는 데 있어 인생의 목적을 갖는 것이 연령이나 신체적 장애보다 더 큰 변수가 된다는 사실이 밝혀졌다. 100세 장수의 가장 중요한 조건은 미츠바, 선한 목적이라는 것이다. 섭생이나 운동은 그 다음이다. 듀크대 정신의학 교수이며 미국 노인학의 선두 주자로 인정받고 있는 케닉Harold G. Koenig은 《아름다운 은퇴》라는 책에서 아름다운 목적을 가지는 것과 건강하게 오래 사는 것의 관계를 연구한 과학자들의 리포트를 아래와 같이 일목요연하게 정리했다.

술라 베네 Sula Benet

"코카서스의 아브카족의 평균 수명은 120~150세로, 그들의 장수 비결은 깊은 종교적 확신과 이웃에 대한 우정이다."

더그 오만 Doug Oman

"봉사활동을 하는 사람들은 그렇지 않은 사람들보다 사망률이 63%

낮다."

모리스 실버맨 Maurice Silverman

"은퇴 후 오랫동안 비활동적이고 긍정적인 관심사를 갖지 않은 사람은 정신적, 신체적인 건강에 문제가 발생하기 쉽다. 특히 남성은 더 그렇다."

캐롤 맥윌리엄 Carol McWilliam

"인생에 대한 목적의식이 결여되는 것은 사람들로 하여금 기력을 잃게 만드는 과정에 일조한다."

테일러 E. J. Taylor

"삶의 목적의식과 의미가 암의 재발을 억제한다."

그랜드 A. Grand

"다양한 과제를 성취하기 위해 노력하고 자신의 유용성을 믿는 사람들의 목적의식이 연령과 상관없이 더 좋은 신체적 건강과 활력을 가져다줄 수 있다."

해롤드 케닉 Harold G. Koenig

"미츠바는 건강 장수에 긍정적인 결과를 가져온다."

인생, 이게 다입니까?
물론 아니죠!

───────── 지금까지 10대와 20대엔 교육을 받고, 20대와 30대엔 세상을 배우고, 40대와 50대엔 돈을 벌고, 60대와 70대엔 벌어놓은 돈을 쓰면서 남은 생을 버티는 것이 평범한 인생이었다. 하지만 이제는 아니다. 50년을 살고도 다시 50년이라는 시간이 더 있다. 길어진 인생은 예기치 못한 것들을 마주하게 할 것이다. 그렇다. 당신은 이제, 앞에 놓여진 50년 동안 무기력하게 늙어갈 것인지, 새로운 삶의 기술로 다르게 진화할 것인지 결정해야 한다.

01

나는 아직 인생에 대해
모르는 것이 많다

교수님,

최근 저에게 많은 변화가 있었습니다. 지금까지 경영해온 'LA 비즈니스'가 한국의 큰 회사에 완전히 인수됐어요. 2월 한 달 동안 한국 전역을 돌며 인수 기업의 주요 리더들에게 교육만 해주고 나면 저는 완전한 자유인이 됩니다.

그 후 한 달 정도 쉬고 나서, 앞으로 100세까지의 두 번째 청춘을 어떻게 보낼지 생각해보는 '내면 여행'을 떠나려 합니다. 내 삶에 완전히 깨끗한 캔버스가 다시 한 번 주어진다는 것이 얼마나 큰 행운인지 깊이 인식하고 감사드리고 있습니다.

지금까지 저의 어설픈 삶에 도움을 주신 교수님께 감사드리

고, 교수님과의 약속을 아직 못 지키고 있는 것을 사과드리며 새
로운 이정표를 세울 시간이 오면 다시 도움주실 것을 믿습니다.

최근 한 지인으로부터 받은 편지이다. 그는 고등학교 때 미
국으로 이민을 갔고 일리노이주에서 대학을 졸업했다. 학비
를 벌기 위해 주방기구 세일즈 회사에서 파트타임으로 일을
시작한 그는 남다른 눈썰미와 특유의 끈질김, 창의적인 아이
디어로 결국 그 분야 선두 기업의 사장이 되었다. 그의 회사
는 30년에 가까운 역사를 가지고 있다. 그는 사업가로 성공
하였을 뿐만 아니라 꾸준한 자선활동과 교포사회를 위한 봉
사활동에도 참여해 동포들 사이에서 리더로서의 평판이 좋기
로 유명하다.

그는 한국으로 오는 비행기 안에서 나의 책을 읽고, 공항에
내리자마자 내 사무실로 찾아오게 되었다. 그렇게 우리 인연
이 시작되었다. 첫 대면에서 그는 내게 이렇게 물었다.

"인생, 이게 다입니까? 너무 심심하네요."

'인생이 한 번의 성공으로 끝나는 게 아니었으면 좋겠다,
뭔가 다시 한 번 살아보고 싶다.'는 말이었다. 지금 58세인 그
는 "아, 난 충분히 성공했고 충분히 가졌고 뭐든 누릴 수 있
게 되었으니 다행스럽게 끝난 내 인생, 고맙구나." 하고 안락

의자에 앉을 수가 없다는 것이다. 그에겐 더 가치 있고 더 많은 모험과 배움이 있고 더 많은 현자들과 어울리는, 남은 여정이 필요했다. 다시 행랑을 꾸리고 더 많은 삶의 기술을 배우기 위해 길 떠날 채비를 하고 있었다.

즉, 100세 시대란 성공을 했든 실패를 했든 관계없이 우리 인생이 한 번의 여정으로 끝나지 않으며 더 오래, 더 멀리 가야 한다는 것을 의미한다.

지금까지는 10대와 20대엔 교육을 받고 20대와 30대엔 세상을 배우고, 40대와 50대엔 돈을 벌고, 60대와 70대엔 벌어놓은 돈을 쓰면서 하늘의 부름을 기다리는 것, 거기까지 가는 것이 모든 평범한 사람, '에브리 맨Every man'의 인생이었다. 서양에서는 그런 인생을 그림으로 표현하기를 즐겨했다. 미국의 화가 제임스 베일리에James Baillie의 작품 〈THE LIFE & AGE of MAN〉에는 100세에 이르는 인생 여정이 9개의 계단으로 그려져 있다.

5세에는 계단 아래의 바닥에서 엄마 품에 안겨 있던 아이가 10세가 되면 첫 번째 계단에 올라선다. 10년에 한 번씩 다음 계단으로 오르다가 50세에 정점에 올라선다. 그 후 60세부터

Das

Stufen-Alter.

Zehn Jahr ein Kind.

Zwanzig Jahr ein Jüngling.

Dreißig Jahr ein Mann.

Vierzig Jahr geht auch noch an.

Fünfzig Jahr fängts Alter an.

Sechzig Jahr gehts weiter dann.

Siebenzig Jahr ein Greis.

Achtzig Jahr schneeweiß.

Neunzig Jahre Kinderspott.

Hundert Jahre Gnade bei Gott.

Das menschliche Stufenalter.

Mensch, siehe hier, wie wandelbar das Leben ist! Jede Minute bringt Dich dem Grabe näher. Benutze jeden Augenblick, denn er ist sonst unwiederbringlich verloren, er kehret nie zurück. Was uns die Zukunft bringt, wir wissen es nicht, aber eilend kommt die Zeit heran und eilend entflieht sie wieder. Wohl dem, der im hohen Alter auf sein vergangenes Leben mit Freude und Genugthuung zurückblicken kann, er wird ein ruhiges, schönes Alter haben. Fröhlich spielt das Kind, fröhlich kann auch der Mann in der Blüte der Jahre und der Greis sein.

№ 8185.   Druck und Verlag von
Gustav Kühn in Neu-Ruppin.

10년에 한 칸씩 내려오기 시작하여 100세에는 다시 바닥에 도착한다.

각 계단에는 인생의 모습을 비유하는 동물이 그려져 있다. 30세는 젖을 먹이는 소, 40세는 포효하는 사자, 50세는 전력 질주로 공격하는 늑대, 80세는 시체처럼 누워 있는 개가 있다.

또 하나 주목할 점은 그림 속 남자가 50세까지는 세상을 정면으로 바라보는데 60세에는 세상을 뒤돌아보고 있고, 70세부터는 아예 세상을 외면하고 있다는 것이다. 인생은 70까지만 가면 갈 만큼 간 것이라는 뜻인가. 한편, 유럽에서 전해오는 작가 미상의 유사한 그림에는 동물 대신 다음과 같은 글귀가 쓰여 있다.

열 살은 아이
스무 살은 젊은이
서른 살은 성인
마흔은 그럭저럭 지내다가
쉰에 늙어가기 시작하여
예순에는 그렇게 계속되다가
일흔에는 노인이며
여든에는 호호 백발

아흔에는 아이들 놀림거리
백에는 하느님의 은총

하지만 이제는 아니다. 이제 겨우 천리 여정의 3분의 1정도 왔을 뿐이다. 50세부터 늙기 시작하여 젊은 사람들의 놀림거리가 되지 않기 위해, 48만 원 국민연금 받아서 푸드뱅크 음식으로 끼니를 때우며 죽지 못해 살아 있는 존재가 되지 않기 위해, 밭을 일구고 씨를 뿌려야 한다. 50세까지만 가고 거기서 주저앉을 수는 없으니까. 예기치 못한 것들을 환영하면서, 통증, 소외 그리고 불안을 감내하면서, 더 많은 것들에 적응하며 날마다 새롭게 시작하며 여러 종류의 새들과 섞여서, 그렇게 계속 가야 하는 것이다. 지금이야말로 이대로 노화할 것인가, 새로운 삶의 기술을 가지고 다르게 진화할 것인가를 결정해야 할 때이다.

02

아직도 50년을
더 살아야 하는데

우리는 30세 이전까지 교육을 받고 세상을 배우다가 30세 전후에 직장에 들어가 50~60대까지 근무한다. 30~40대에 서울 등 대도시 또는 근교에 단란한 보금자리를 마련하는 것, 자녀를 잘 양육하여 좋은 대학에 보내는 것이 삶의 주요 과제이기도 하다. 그리고 60세가 넘으면 부부가 함께 와인을 마시며 골프를 즐기고 세계를 여행하다가 생을 마감하는 것, 그것이 인생이라고 생각해왔다. 20세기 한국인의 인생 행로였다.

그러나 지금은 그런 인생관이 통하지 않는다. 60세에 노후를 즐기기는커녕, 50세도 안 되어 직장에서 밀려날 판이고 특별한 기술이나 전문가적 명성과 능력이 없다면 퇴직한 지 3년도 채 안 되어 빈곤층, '리타이어드 푸어Retired poor'에 편입될 상황이다. 직장에서 운 좋게 60세까지 버틴다고 해도 퇴직 후 기존 라이프스타일을 계속 유지할 수 있을 만큼 재산을 모아놓은 사람은 별로 없다. 60세 이상 10명 중 9명은 은퇴생활에 필요한 금액의 절반 정도밖에 모아놓지 못했다. 이런 상태에서 40년을 더 살아야 한다는 것, 그것이 바로 우리 세대가 맞이한 운명이다.

대부분의 전문가들은 정년퇴직자가 퇴직 전의 생활수준을 유지하려면 퇴직 전 수입의 70~80퍼센트가 필요하다고 말한다. 한 달에 500만 원씩 벌던 사람이라면 퇴직 후 400만 원은 필요하다는 뜻이다. 한 달에 400만 원이 어디서 생긴단 말인가?

퇴직 전의 생활수준을 그대로 유지하는 것은 사치라고 치자. 그래서 소비를 절반으로 줄인다고 치자. 집이 있고 가계 빚이 없는 상태로 부부 두 사람이 먹고사는 데만 한 달에 최소 200만 원은 있어야 한다. 1년이면 2,400만 원, 50년이면 12억이 든다. 이자율이 연 5%라고 쳤을 때, 한 달에 200만 원씩 이자를 받으려면 통장에 4억 8000만 원이 있어야 한다. 그런데 어떻게 사람이 숨만 쉬고 먹고만 살 수 있나? 동창회

50 이후 찾아온 50년을 무난히 살아내기 위해서는

퇴직 후, 집도 있고 차도 있는 상태에서

10억 원을 가지고 있거나 매월 400만 원 이상의 수입이 있어야 한다.

이 현실적인 문제를 어떻게 돌파해야 할까.

그 답은 바로 골든 그레이로의 진화에 있다.

에도 나가고 주변 친지 경조사에 얼굴도 내밀고 어느 정도 여가생활과 문화적 소비를 하면서 사람답게 살자면 매달 200만 원이 아니라 400만 원은 필요하다. 그러려면 은행 통장에 있어야 하는 돈은 9억 6000만 원, 반올림해서 10억 원이다. 50 이후 찾아온 50년을 무난히 살아내기 위해서는 퇴직 후 집도 있고 차도 있으면서 10억 원을 손에 쥐고 있거나, 매월 400만 원 이상씩 벌 수 있어야 한다는 말이다. 그것도 물가상승을 무시했을 때의 이야기다.

퇴직금으로 5억 원을 받는다고 해도 턱없이 부족하다. 그런데 퇴직금을 5억이나 받을 사람이 과연 얼마나 될까? 거기다가 인플레이션을 고려한다면 5억은 절반이 아니라 1/3의 대책에 불과하다. 부족한 2/3, 그것을 어떻게 마련할 것인가. 그것이 관습적인 삶에서 벗어나 다르게 진화해야 하는 이유이다.

03

낯선 것들의
즐거움

50 이후 50년, 길어진 인생을 살다 보면 예기치 못한 사건과 생경한 일을 겪게 되기 마련이다. 상상을 초월할 만큼 놀라운 뉴스, 기쁜 소식, 슬픈 소식을 접해야 한다. 50년을 살고도 다시 50년이라는 뜻밖의 시간이 선물로 배달될 것을 미리 예상한 사람은 그리 많지 않다. 개인의 노동 수명보다 기업의 생존 기간이 더 짧아지리란 것을 내다본 사람도 흔치 않다.

일생에 3~4번 결혼하는 것이 보편화되고 나이에 따른 역할 정체성이라는 것도 송두리째 부정되는 세상이 될 수 있다. 평생직장은 먼 옛날 이야기가 되고 먹고살기 위해 직장을 30번을 옮겨 다니게 될지, 40번을 옮겨 다니게 될지도 모른다.

가족의 구조나 단위 또는 구성원의 기준도 전혀 새로운 양상을 띠게 될 수 있다. 믿었던 퇴직연금이 하루아침에 부도가 나고 호구지책이 막막해서 70세에 새로 취직해 하루 벌어 하루 먹고사는 식으로 20년 이상 버텨야 할 수도 있다.

가고 싶은 곳, 먹고 싶은 것, 가지고 싶은 모든 것을 참으며 저축해서 모아놓은 자산이 순식간에 휴지조각이 되는 경우도 생길 것이다. 대학에서 열심히 공부하고 사회에서 죽도록 연마한 기술이 이제 세상의 인정을 받게 되었다 싶을 바로 그때, 전혀 새로운 기술이 출현하여 그대로 쓰레기통에 버려질 수도 있다. 그래서 대학에 2~3번 더 입학해야 될 수도 있다. 나이 들었다고 연금 받아서 여행이나 낚시로 소일할 것이라는 계획이 허무맹랑한 소리가 될지도 모른다.

70~80대에 직업, 교육, 행복을 위해 예기치 못한 장소, 아프리카나 남미 같은 곳에 정착하여 낯선 사람들과 이웃이 되어야 할 수도 있을 것이다. 전에 해보지 않은 역할들을 해내야 할 경우도 생길 것이다. 먹어보지 않은 음식을 먹게 되고 다뤄보지 않았던 기구들을 다뤄야 할 경우도 있을 것이다. 일평생 사용해오던 언어를 버리고 새로운 언어를 배워야 살아남을 수 있게 될지도 모른다. 익숙하지 못한 새로운 문화들이

밀려오고 정든 물건, 정든 사람들과 헤어지는 일도 숱하게 일어날 수 있다. 익숙한 것들은 멀리 사라져가고 낯선 것들이 온통 주위를 둘러싸는 모습을 태연히 바라보고 서 있어야 할 경우도 생길 것이다. 사하시 게이죠Sahashi Keiiyo의 책《아버지의 부엌》은 오래 살다보면 팔자에도 없던 밥 짓고 빨래하는 일을, 해외 특허기술 연수 하듯이 배워야 할 경우도 생긴다는 것을 보여주고 있다.

"평생을 의지하며 살던 어머니가 돌아가시고 외롭게 혼자 남은 친정아버지. 네 딸과 아들 하나가 있지만 저마다 가정과 생활이 있어 함께 살 수 없는 사연이 있다. 밥 짓고 빨래하는 것을 평생 해본 적이 없는 아버지에게 저자인 셋째 딸은 군대식의 혹독한 홀로서기 특별 훈련을 시킨다. 이웃 사람들의 따뜻한 성원에 힘입어 자립하기 위해 분투하는 아버지. 늙었다고 남에게 대접받으려고만 들지 않고 주변 사람들에게 폐를 끼치며 살지 말자고 눈물겹게 노력하는 아버지."

예기치 못했고 원하지도 않았던 일들을 경험하면서 감성도 혼백도 전혀 엉뚱한 사람으로 변할지 모른다. 자신에게 더 충실한 삶으로의 변화도 가능하겠지만 한편으로는 살아남는 것에 매달리게 될 수도 있다. 걸어가는 것이 아니라 끌려가야 하는 시간도 있을 것이다. 살아 있는 것이 아니라 죽지 않은 상태가 오래 계속될 수도 있다.

길어진 인생을 산다는 것은 이런 모든 예기치 못한 일들을 환영하면서 살아야 한다는 것이다. 웬만한 변화에는 끄덕도 하지 않고 오히려 즐기려들 만큼 경제적, 정신적 여유를 축적해간다는 것을 의미한다. 그런 마음을 가질 때, 길어진 인생은 즐거움 가득한 기행의 시간이 될 수 있다.

04

나는 나만
믿는다

100세 시대가 도래함에 따라, 이전 세대보다 30년 더 산다는 말은 30년 더 '버텨야 한다'는 말이기도 하다. 30년 더 몸을 돌보고 지식을 넓히고 기술을 다듬고 주변을 살피고, 30년 더 정신 차리고 돈을 벌어 의식주를 해결하고 변화의 트렌드를 읽어가며 "누가 내 치즈를 옮기는지" 모니터해야 한다는 의미이다. 그런데 그게 말처럼 쉬운 일이 아니다. 기술의 진보와 그에 따른 라이프스타일의 변화 때문이다.

수명의 연장과 기술의 진보가 마치 쌍끌이 어선처럼 변화를 강요하며 마음을 얼어붙게 하고 있다. 거대한 저인망으로 세상이라는 바다를 훑으며 새로운 시스템의 그물로 들어가기를 강제하고 있는 것이다.

100세 시대는 모든 사람이 나이가 많기 때문에, 심지어 젊은 사람보다 나이 든 사람이 압도적으로 더 많기 때문에 나이가 많다는 이유로 누가 누구를 부양하고 도움을 주고 하는 것, 즉 사회적 부조라는 것을 기대하기 어렵다. 그렇기 때문에 나이에 상관없이 누구나 당연히 스스로 적응하여 벌어 먹고살아야 한다. 그러니 퇴직 후 계속 일을 해야 한다.

특히 한국의 사회구조상 한 직장에서 20~30년 버틴다는 것은 상상도 할 수 없다. 60세 정년은 옛말이다. 50세만 되어도 변화의 물결에 치여 바다 밖 모래언덕으로 밀려나기 시작한다. 평생 직장. 평생 직종이 없어지면서 대부분 계약직과 임시직으로 일하는 하루살이 신세가 된다.

계속 살아남기 위해선 한 직장에서 10~20년 일하다 학교로 돌아가 1~2년 새로운 기술을 익혀 일자리를 옮기고, 몇 년 일하고 나서 다시 새로운 기술 훈련을 받는 평생 직업교육에 익숙해져야 한다. 다만 약간 기대를 걸어볼 만한 것은 기술의 발전은 계속해서 새로운 직종을 탄생시키기 때문에 누구나 열심히 적응하면 취업의 가능성은 있다는 것이다. 그러나 '적응'이라는 고된 시험대를 무사히 통과했을 때만 해당하는 이야기이다.

하루가 다르게 급변하는 세상에서 한 가지 직업으로만 먹고살 수 없기 때문에 40~90세까지 50년 동안 서너 개의 직업을 옮겨 다니거나 동시에 여러 직업에 종사해야 한다. 직장인, 회사원이 아니라 '1인 용역상점'을 운영하면서 프로젝트에 따라 옮겨 다니고, 그것도 하나의 프로젝트가 아니라 여러 개의 프로젝트를 동시에 진행해야 한다. 당연히 월급·연봉·퇴직금 개념도 사라지고 시간당, 프로젝트당 급여 개념으로 가는 시스템에 적응해야 한다.

일거리, 재교육, 행복을 위해 불가피하게 나라와 나라 사이를 오가다보면 웬만한 언어들은 사라지고 오직 영어만 남게 될 것이다. 영어를 못하면 생업도 없고 사람 구실이 어려워진다. 영어뿐 아니라 테크놀로지도 문제이다. 하루가 다르게 진화하는 웹 기술에 적응하지 못하는 사람을 불러줄 프로젝트는 없을 것이다.

그러니 무한대의 교육을 받아야 한다. 그런데 교육도 쉬운 이야기가 아니다. 첨단기술의 발달로 인해 지금까지 적응해온 교육과정이나 교수법은 자취를 감추고 사이버, 가상현실, 집단지성 등을 통해 스스로 공부해야 한다. 그에 더해 투잡,

쓰리잡 하면서 뛰어다녀야 하기 때문에 시간도 없다. 24시간 아무 때나 공부하고, 반평생 공부하고 또 해야 한다. 따라서 어떤 과정에 참가하여 시험만 통과하면 되던 식으로는 통하지 않는다. 수업이 아니라 실질적인 경험과 노하우의 축적이 중요해진다.

'노동의 종말'이라는 말이 회자되고 있다. 2020년이면 현재 노동력의 5퍼센트만 필요한 세상이 된다. 즉, 현재 직장을 가진 사람 95퍼센트가 일자리를 잃는다는 이야기이다. 일자리를 잃은 사람들의 정체성 혼돈은 상상을 초월할 것이다. 그렇지만 인간은 늘 일거리를 찾기 마련이고 많은 사람이 가상현실이나 전혀 새로운 환경, 즉 남극과 북극. 적도. 우주. 해저 등에서까지 새로운 일자리를 찾을 것이다. 지금처럼 빠르게 변하는 세상에서는 인간의 삶이 어떻게 바뀌어갈지 알고 있어야만 변화에 적응할 수 있다. 어떤 직종이 사라지고 어떤 직종이 새로 생길지 아는 사람만이 100세 시대를 무난히 버텨낼 수 있는 것이다.

100세 시대를 살아간다는 것은 더 많은 것들에 적응해야 한다는 것, 더 젊은 정체성이 필요하다는 것을 의미한다. 즉, 노화가 아닌 진화를 해야 한다는 것이다.

05

불편한 공존을 묵묵히 받아들여야 한다는 것

먼 길을 가다 보면 낯선 사람, 이상한 사람 그리고 별난 사람들과 조우하게 된다. 그럴 경우 어떤 연령, 어떤 배경을 가진 사람과 함께 지내게 될지 가늠하기 어렵다. 같은 직업, 같은 취미, 같은 문화를 가진 사람뿐 아니라 이질적인 취향, 다른 언어, 다른 냄새를 풍기는 사람들과 함께 앉아 여행을 하고 식사를 하고 잠을 잘 경우가 많아지게 된다. 그래서 한없는 만남, 한없는 배움, 한없는 관계를 경험하게 된다. 원하는 사람, 좋은 사람만 만나는 것이 아니라 싫은 사람, 원치 않는 사람과도 뒤섞여야 한다. 고약한 냄새를 참아야 하며 이상한 습관을 용인하고 받아들여야 한다. 그런 것들을 배려하고 존중해야 할 때도 많다. 그런 사람들과 공존하며 심지어 그런 사람들에게 의존하여 살게 될 수도 있다.

50 이후 찾아온 50년이라는 긴 세월을 살아가기 위해서는 신체적 특징이 다른 사람, 나이 차이가 큰 사람, 휠체어를 탄 사람, 지팡이를 짚은 사람들이 길을 가는 방식을 이해하고 인정해야 한다. 그들에게 뛰라고 말하지 않고, 빨리 가라고 요구하지 않고, 밀어내지 않고, 그렇게 같은 땅을 밟으며 함께 길을 가는 것이다. 그들과 함께 살아가기 위해 조금 기다리며 자리를 양보하고 미소를 보여야 한다.

한국 사람은 수저로 밥을 먹는다. 그러나 인도 사람은 손으로 밥을 먹는다. 인도 사람은 한국 사람을 보고 '누구 입에 들어갔다 나온 줄도 모르는 더러운 수저로 어떻게 밥을 먹을 수 있지?' 하고 의아하게 여긴다. 그런데 한국 사람은 인도 사람을 보고 '온갖 미세먼지와 세균이 우글우글 붙어 있는 손으로 밥을 먹다니… 더러워!'라고 생각한다.

길어진 인생을 사는 데에는 한국 사람도 인도 사람도 손가락과 수저를 깨끗이 씻기 때문에 더럽지 않다는 것을 인정하는 것이 필요하다. 서로의 문화가 단지 '다르다'는 것을 인정하며 살아가야 한다. 사실 문화는 맞고 틀리고의 문제가 아니라, 서로 다른 삶의 방식이 쌓이고 쌓여 다르게 나타나는 것뿐이다. 중요한 것은 한국 사람이나 인도 사람이나 자신들의 독특하고 개성 있는 문화를 이어받아 건강하게 살아가고 있다는 점을 인정해야 한다는 것이다.

끝도 없이 이동하는 시대가 왔다. 그렇기 때문에 같은 마을 아니면 같은 단지, 같은 건물 내에 참으로 다양한 사람들이 함께 모여 살게 된다. 그들은 모두 목소리, 생김새, 피부색, 태도, 인격, 인종, 종교, 국적, 삶의 방식 그리고 지향점이 다를 수 있다. 이 다름을 인정하지 못한다면 하루도 평화롭게 살 수 없다. 세상을 다른 관점으로 바라볼 줄 알고 자기 성질에 맞지 않는 사람의 주장도 받아들여야 하는 것, 자기와 똑같지 않다고 해서 배척하지 않는 것, 자기취향 위주로만 살아갈 수 없게 되는 것, 물러서며 인정하고 조화를 이루어야 하는 것, 그것이 100세 시대에 반드시 필요한 삶의 태도이다.

'다름'과 '틀림'을 제대로 구분해야만 살아갈 수 있는 세상이다. 나와 다른 것을 '틀렸다'고 고집할 수가 없는 것이다. 그렇게 고집을 세우자면 무인도에서 혼자 사는 수밖에 없다. 각기 다른 존재들이 서로의 관점을 이해하고 함께 어우러져 살아가야 하는 세상, 남을 인정하기 위해 자기의 많은 부분을

자기 성질에 맞지 않는 사람도 받아들여야 하는 것.

다르다고 하여 배척하지 않는 것.

물러서며 인정하고 조화를 이루는 것,

공존, 그것은 100세 시대에 반드시 필요한 삶의 태도이다.

내려놓아야만 살아갈 수 있는 세상이다. 그러기 위해선 늘 다니던 길 말고 다른 길로 걸어보는 것이 필요하다. 그 길에서 새롭게 만나는 슈퍼마켓의 몽골 사람, 꽃집의 네덜란드 사람, 약국의 중국 사람… 약간 다른 관점에서 세상을 바라보는 연습이다.

다른 사람과 보조를 맞추기 위해 한발 물러서는 것, 잘 모르는 사람들에게 자기 몫을 나눠주는 것, 낯선 친구에게 말을 거는 것, 남들이 적개심이나 소외감을 느끼지 않도록 노력하는 것…. 이런 작지만 여유로운 행동을 의식적으로라도 해야만 하는 것, 그런 정신적 여유를 축적해두지 않으면 하루도 살 수 없는 시간이 바로 50 이후 50년이다.

06

의학이 발전해도
아픈 곳은 아프다

50을 지나서 다시 50년이라는 긴 세월을 산다는 것은 젊음, 청춘의 매력, 감각, 독립성, 신체 기능 혹은 신체 일부를 잃은 상태로 오래 살아야 한다는 뜻이다. 기억이 나지 않고 아이디어가 고갈되고 헛발질을 하고 소화가 되지 않는다고 불평하고 잠을 이룰 수가 없다고 호소하면서 계속 살아야 한다.

의학이 아무리 발달한다 해도 나이가 많아지면 유쾌하지 않은 변화를 겪게 된다. 없던 통증이 생겨나고 활력, 치유력, 근육, 골밀도, 정력과 기억력이 둔화되고 감퇴한다. 얼굴에 주름이 생기고 검은 반점이 나타나며 치아가 흔들리고, 머리가 빠지며 변색된다. 그럴 때 성형수술이나 염색, 임플란트

같은 것들로 나이 든 모습을 감출 수는 있다. 또 여전한 의욕과 정신력으로 전에 하던 일을 계속할 수도 있고 경우에 따라선 점점 더 잘할 수도 있다. 하지만 신체의 쇠락이 계속 진행되는 것, 결국 공동묘지에 하루하루 가까워지고 있다는 사실은 달라지지 않는다.

다만, 100세 시대가 좋은 점은 그런 불가피성이 조금 줄어든다는 것, 그런 신체적 불편함에 적응하고자 조금만 노력하면 나이가 몇이든 자기가 추구하는 이상을 향해 더 오래, 계속 나아갈 수는 있다는 것이다. 즉, 전보다 품위 있게 나이를 먹는 것이 조금 쉬워진다는 정도이다. 건강을 지키기 위해 할 수 있는 모든 일을 하면서도 자연의 순리를 거스르지 않는 것, 인생의 막바지에 쇠락이 찾아올 때 그 순간이 신속히 지나가도록 노력해야 한다는 것은 피할 수 없는 숙제이다.

뿐만 아니라 100세까지 산다는 것은 그만큼 상실을 경험할 가능성이 크다는 뜻이기도 하다. 부모, 가족, 친구, 배우자, 반려동물을 잃고 슬픔과 비탄에 빠진 채 긴 세월을 견뎌내야 하기 때문이다.

의학이 아무리 발달하고 좋은 약이 나온다 해도, 아무리 탁월한 건강관리 프로그램이 개발된다 해도, 그래서 말 그대로 평균수명이 100세를 넘어간다 해도 나이가 들면 어차피 어깨 쑤시고 목 뻐근하고 관절이 아프기 마련이다. 그렇게 아픈 채로, 그 모든 아픔을 참으면서 아주 오래 살아 있어야 한다. 돈을 벌고 자기 앞가림도 해야 한다. 날마다 발표되는 새로운 제도와 소나기처럼 쏟아지는 신기술, 신상품이 수십 년 손에 움켜쥐고 있던 것들을 하루아침에 내려놓게 만들지도 모른다는 막연한 우려와 그런 것들이 운명을 어떻게 바꾸어놓을지 모른다는 불안감 속에 보내야 하는 시간이 길어진 것이다.

더 걱정이 되는 것은 평균 수명이 길어지면 길어질수록 고령자에 대한 사회적 배려는 오히려 인색해질 수 있다는 점이다. 거리를 가득 메우고 있는 사람들이 너나 할 것 없이 다 고령자인데 누가 누굴 배려한다는 말인가? 이것이 바로 관습적인 노화를 거부하고 새로운 삶의 기술을 습득해야 하는 이유이다.

후반전에 강한 놈이
이긴다

——————— 끝이 아름다우면 모든 것이 아름답다. 인생의 전반기에 성공, 보람 그리고 행복보다 비운, 실패 그리고 회한을 더 많이 남긴 사람들에게 100세 시대는 가뭄 끝의 단비 같은 복된 소식이다. 삶의 후반기를 성공으로 채움으로써 결과적으로는 삶 전체를 성공으로 둔갑시킬 수 있는 시간을 벌게 되었기 때문이다. 이 얼마나 다행스럽고 가슴 설레는 일인가?

01

이젠
나 하고 싶은 것 좀
하자고

나는 인생의 봄이라고 할 수 있는 10대와 20대를 허송세월했다. 별로 근면하지 않았고 그렇다고 제대로 놀지도 못했다. 공부는 하는 척만 했을 뿐 실제론 하지 않았다. 대학에 들어가서도 B급 연봉을 주는 곳에 겨우 취직할 만큼의 공부만 했다. 삶의 의미나 가치에 대해서도 진지하게 고민하지 않았다. 그냥 친구 따라 강남 가는 식으로 여기저기 기웃거리며 눈치나 살피고 귀동냥이나 하고 다녔다.

그러다 보니 취직을 하고 가정을 이루고 사회에 뿌리를 내리는 과정, 즉 인생의 여름도 부실했다. 자타공인 근사한 직장에 출근해보지도 못했고 그 흔한 주택통장 하나 만져보지 못했다. 미국 유학도 가보지 못했다. 공허해진 나는 방황하기 시작했다. 선술집과 당구장을 전전하며 인생을 흘려보냈다. 외상 값과 마이너스 대출이 늘어가는데도 계속 건성으로 살았다. 그렇게 인생의 한여름을 넘겼고 어느덧 가을의 문턱에 다다랐다.

그렇게 마흔을 훨씬 넘기고서야 '세월이 너무 많이 갔구나!' 하고 생각했다. 흔히 마흔이면 인생의 가을이라 했건만, 쉰을 훌쩍 넘기고서야 허겁지겁 얼갈이배추 농사 비슷하게 시작하여 이제 겨우 첫 수확물을 거두기 시작한 것이다.

"끝이 아름다우면 모든 것이 아름다운 법Endes gut, Alles gut."이라고 했던가? 나처럼 인생의 전반기에 성공, 보람 그리고 행복보다 비운, 실패 그리고 회한을 더 많이 남긴 사람들에게 100세 시대는 가뭄 끝의 단비 같은 복된 소식이다. 삶의 후반기를 성공으로 채움으로써 결과적으로는 삶 전체를 성공으로 둔갑시킬 수 있는 시간을 벌게 되었기 때문이다. 이 얼마나 다행스럽고 가슴 설레는 일인가?

당신은 어떤가? 인생을 허송세월하진 않았지만 그렇다고 "이거다!" 할 수 있을 만한 업적이랄 게 없어 허전한가? 은퇴와 사망 사이의 공백이 너무 길어 막막한가? 살아 있기는 한데 도무지 재미도 없고 존재감도 못 느껴서 삶이 오히려 엄청난 고통으로 다가오고 있는가? 아니면 지금까지는 나름 보람과 희락을 누리며 살아왔지만 세상이 바뀌고 변해서 "그럼 이제부터는 뭐 하고 놀지?" 하면서 고개를 갸우뚱거리고 있는가? 그런 당신을 위해 100세 시대가 삶의 리턴 매치를 주선한다.

물론 예기치 못한 것들을 계속 환영하며 통증과 소외를 견디고 더 먼 여정을 가기 위해 더 많은 것들을 배워야 한다는 부담이 있는 것도 사실이다. 그러나 나 같은 회한이 있는 사람에게 그런 것들은 부차적인 문제이다. 왜냐하면, 너무 큰 승부가 다가오기 때문에 그런 것들에 신경 쓸 여유가 없는 것이다.

약 20년 전, 송년회에서 만난 후배가 술기운을 빌어 내게 큰소리로 말했다.

"강 선배는 학교 다닐 때 꽤 잘나갈 것처럼 굴더니 꼴좋다."

"어? 술 많이 하셨나, 갑자기 왜 시비야?"

"시비가 아니고 … 선배는 학교 때 잘난 소리 꽤나 해대더니 졸업한 지 20년이 넘도록 뭐하나 두드러지게 해놓은 게 없잖습니까?"

"내가 못나서 그렇지 뭐…."

"선배, 동기들 다 날고 기는 기업에서 저렇게 잘 나가는데 후배들한테까지 추월당하고… 도대체 어디서 뭐 싸고 뭐 뭉개고 있는 겁니까? 왜 그러고 살아요?"

"할 말이 없다….'

집으로 돌아오면서 나는 마음속으로 외쳤다.

"이대론 안 되겠어, 그놈에게 뭔가 한 방 먹여야겠어!"

나는 그날부터 바빠졌다. 한 방 제대로 먹이기 위해 우선 나를 재정비해야 했다. 그래서 보이지 않던 것을 보려고 골똘히 들여다 보았다. 들리지 않던 소리를 들으려 미친 듯이 뛰어다녔다. 냄새 맡지 못하던 것을 맡아보려고 집중했다. 멀어진 사람을 다시 가까이하려고 전화를 걸기 시작했다. 읽지 않던 것을 읽기 시작했고 쓰지 않던 글을 쓰기 시작했다. 걸음걸이 속도를 높였다. 무섭게 집중했다. 뜨겁게 흥분했다. 5년쯤 지났을 때 나는 이미 내가 그런 생각을 했었다는 것을 잊을 정도로 여유로운 모습이 되었다.

당신의 시간 통장이 리필되었다. 리턴 매치라는 새로운 모험을 강행할 수 있게 되었다. 한판 승부를 벌려보는 거다. 선전포고를 하고 도전장을 내밀어보자. 결정적 한 방을 날리자. 지난날의 패배를 말끔히 털어내고 긍정의 삶으로 나아가자. 세상의 중심에 서자. 길을 보여주자. "이렇게 하는 거야!"

숙명의 리턴 매치가 시작되었다.

당신 앞에 주어진 새로운 50년이라는 시간.

지난날의 패배를 말끔히 털어내고 결정적 한 방을 날릴 때이다.

세상의 중심에 서서, 한판 승부를 벌려보자.

신발 끈을 고쳐 매고 열정의 스위치를 켜자.

하고 모델이 되어보자. 이 승부에 열광하자. 신발 끈을 고쳐 매고 열정의 스위치를 올리자. 온몸에 전율을 느낄 정도로 게임에 몰입하자. 엔터키를 누르자.

02

오늘은 너무 늦지도
이르지도 않은 날이다

1. 이제 겨우 명함 한 장, 집 한 칸 마련하여 먹고살 만한데 TV에서 100세 시대가 되었다고, 호모 헌드레드가 몰려온다고 떠든다. 100세까지 견디려면 최소한 퇴직 전에 10억은 챙겨두어야 한다. 보험회사 다니는 친구는 100세 펀드에 가입하라고 아우성이다. 직장에선 앞으로 3년도 못 버틸 것 같은데… 나 같은 사람이 퇴직 때까지 10억을 마련해둔다는 건 앞으로 10년을 더 버틴다고 해도 어림도 없는 소리다.

2. 저 선배 어제 저녁에 포장마차에서 자기는 능력이 없어서 죽어도 100살까진 안 산다고 떠들던데. 아니, 죽으면 죽는

거지 안 사는 건 또 뭐야? 그렇게 힘든가? 그런데 난 뭐지? 나라고 명예퇴직 안 당한다는 보장이 있어? 저 선배가 100년을 산다면 난 120년은 살 판인데, 뭐 먹고살지? 뭐 하고 놀지? 100년씩이나… 에이, 지금부터 사서 고민할 필요 있나? 그냥 사는 대로 살다가 나중 문제는 나중에 따지자고. 명태국 안 먹으면 될 거 아냐. 사절, 명태국 절대사절.

3. 내일 퇴임식엔 빨간색 넥타이를? 아니, 노란색이 더 화려하지 않을까? 그런데 모레부터 어딜 가지? 그 친구 컨설팅 사무실? 제주도 동생한테나 놀러 갈까? 아서라, 알량한 퇴직금에 비행기 요금은 어디서 나오나, 100세 시대라는데 일단 아껴야 하루라도 더 먹고살지. 아이고, 불쌍한 놈. 갈 데도 없고 오라는 데도 없고 찾아오는 사람도 없네….

당신은 이 셋 중 어디에 속하는가?

골든 그레이로 진화하는 것을 목표로 삼기에 너무 이르다고 생각하는가? 아니다. 이미 40세를 넘었다면 결코 이르지 않다. 40세부터 자기훈련을 시작한다고 해도 그것이 10년이 걸릴지, 아니면 훨씬 더 오래 걸릴지 알 수 없다. 여유가 있을 때 더욱 서둘러야 한다. '하루 이틀 사이에 무슨 일이 일어 나봤자….'라고 생각하는 바로 그 틈새를 파고드는 것이 세월 이다. 너무 빠르다는 말은 거짓말이다. 게으름을 변명하고 합 리화시키는 나쁜 말이다.

아니면, 골든 그레이로 진화하기에 너무 늦었다고 생각하 는가? 그렇지 않다. 72세를 넘지 않았다면 결코 늦지 않았다. 평범한 가정주부였던 안나 모제스는 72세에 화가가 되기로 결심하고 79세에 첫 개인전을 열어 미국 화단의 스타가 되었 다. 10년 후인 89세에는 대통령으로부터 '여성 프레스 클럽 상'을 받았고, 그녀의 100번째 생일날 뉴욕 주지사가 '모제스 의 날'을 선포할 정도로 미국 화단을 대표하는 국민화가가 되 었다. 그녀는 남편과 함께 작은 농장을 일구며 10명의 자녀 를 낳아 그중 5명을 잃었고 67세엔 남편과 사별했다. 72세엔 관절염에 걸렸다. 어찌 보면 그때까지 그녀는 인생의 패배자 였다. 그러나 자기 안에 대기하고 있던 또 다른 자신을 발견 하고 붓을 들게 됨으로써 커다란 성공을 거두었을 뿐만 아니 라, 101세까지 살며 골든 그레이의 모델이 되었다. '너무 늦 었다.'라는 말은 핑계일 뿐이다.

지미 카터Jimmy Carter는 50대 중반에 재선에 실패하고 100만 달러의 부채만 떠안았지만 사랑의 집 짓기 운동인 '해비타트 운동'으로 지금은 인생의 전성기를 누리고 있다. 피아니스트 루빈스타인Rubinstein도 젊은 시절엔 그저 그런 사람이었으나 45세가 넘어서 비로소 세상의 주목을 받기 시작했으며, 80세가 넘어서도 탁월한 연주를 들려주었다. 킹 캠프 질레트King Camp Gilette는 40세에 아이디어를 창안하여 48세에 질레트 면도기를 만들었다. 루빈스타인, 지미 카터 그리고 모제스 모두 인생의 반환점에서 다시 처음부터 시작하여 최종 우승을 차지한 사람들이다. 오늘, 지금 시작하면 늦지 않는다.

03

중년의 뇌보다
똑똑한 뇌는 없다

인생이 길어졌다고 해서, 무엇인가를 다시 시작하기에는 늦었다고 생각하는 사람들에게 반가운 소식이 있다. 40세 전후, 우리의 두뇌는 제 2의 전성기를 맞이할 수 있으며 평균 20년 이상 절정에 머무른다는 사실이다.

〈뉴욕 타임스The New York Times〉에서 의학 및 건강 전문기자로 활동하고 있는 바버라 스트로치Barbara Strauch의 저서《가장 뛰어난 중년의 뇌》에 의하면 뇌는 40~65세에 그 어느 나이 때보다 더 똑똑하고, 더 침착하고, 핵심을 잘 꿰뚫는다. 저자는 뇌과학의 최전선에서 활동하고 있는 연구자들을 만나 '중년의 뇌'에서 무슨 일이 벌어지고 있는지, 그에 관해 과학이 무엇을 밝혔는지를 집요하게 묻고, 그 취재 결과들을 요약한 뒤 이렇게 말했다.

"중년의 뇌는 우리가 삶을 헤쳐나가도록 도우면서, 혼란을 가르며 해답을 찾아내고, 누구를 무시할지 무엇을 무시할지, 언제 왼쪽으로 가고 언제 오른쪽으로 갈지를 안다. 중년의 뇌는 여전히 근사하고, 또한 적응해나간다."

그의 취재 결과에 의하면, 중년의 뇌는 이미 알고 있는 것과 아주 조금이라도 관계있는 정보를 마주하면 청년의 뇌보다 더 빨리 영리하게 패턴을 분별해 논리적 결론을 도출한다. 중년의 뇌가 가장 두각을 나타내는 부분은 판단력, 어휘력, 직관력, 통찰력 등이다.

또한 중년의 뇌는 큰 그림을 잘 볼 줄 안다. 이질적인 실마리들을 묶어 새로운 전체를 만드는 능력이 뛰어나다. 중년의 뇌는 신속하게 요점을 이해하며, 젊은 동료들보다 더 빨리 논의의 핵심을 파악한다. 지각 속도와 계산 능력을 제외하고, 어휘, 언어 기억, 공간 정향, 귀납적 추론에서 최고의 수행력을 보인 사람들의 나이는 평균적으로 40~65세였다.

또한 청년과 비교했을 때 중년의 뇌가 '더 긍정적'이었다. 중년의 뇌는 타인의 진정한 인격을 판단하는 데 있어서도 훨씬 더 뛰어났다. 뇌는 나이가 들면 더 강력해진다. 중년의 뇌는 어떻게 가꾸느냐에 따라 그 '훌륭함'을 오래 유지할 수도 있고 그렇지 않을 수도 있다.

한편, 하버드대 성인발달연구소에서 오랜 기간 중년에 관한 임상연구를 해온 윌리엄 새들러 William Thomas Sadler 는 40대, 50대 중년층 200명을 인터뷰하고 그중 50명을 10년 동안 추적하였다. 그 결과 그들은 모두 "이제 나이도 들었으니 은퇴 생활이나 즐겨보자!" 하는 식의 인습적 패턴을 거부하고 "이제부터 참된 의미의 나의 삶을 살아보자!" 하는 식으로 새로운 삶을 개척해가고 있다는 사실을 확인하였다. 또한 마치 소년이 사춘기를 거쳐 성인으로 성장하는 것처럼, 관찰 대상 중년 모두가 사춘기 성장에 비견할 만큼의 확연한 성숙과 진화를 경험하고 있음도 확인하였다. 새들러는 그러한 성장을 '2차 성장 Second growth'이라고 명명했다.

그들이 말하는 2차 성장은 청소년기에 겪는 1차 성장과는 다르다. 1차 성장은 때가 되면 누구에게나 자연현상처럼 나타나는 것으로, 학식이나 재능의 향상이며 생리적 미숙의 극복 과정이다. 그러나 2차 성장은 다르다. 누구나 경험할 수 있지만 모두가 경험하지는 못한다. 그것은 새로운 자아로의 거듭남이고 진실한 자아를 회복하고자 하는 선택과 결단이기 때문이다. 그것은 통합과 반전의 과정이다. 선택 가능한 대안들을 자신의 인생 항로에 받아들여 삶을 재편성해가는 능력 개발 과정이다. 다시 말하면 성능이 향상된 삶의 잣대를 손에 쥐어가는 과정이다.

따라서 선택의 여지가 넓어지고 실행해야 할 삶의 프로그램이 더 많아지는 것을 의미한다. 바로 이런 2차 성장이 이루어지는 시기는 쇠퇴기가 아니라 성장기이다. 자신도 미처 몰랐거나 인생의 초반에는 시간이 없어 미루어두었던 자신만의 기질들을 과감히 드러내는 시기이다. 삶의 두 번째 추수이며 세 번째 파종이다. 위기가 아니라 기회이다. 그런데 바로 이 결정적인 순간에 두뇌까지 절정의 기량을 발휘할 수 있다니, 얼마나 멋진 앙상블인가?

새들러가 말한 2차 성장의 본보기는 《하프 타임》의 저자 밥 버포드Bob Buford다. 그는 48세 때 피터 드러커를 만났고, 드러커로부터 "자네는 아직 일할 날이 30년이나 남아 있군. 그 30년이 자네 인생에서 가장 보람 있는 시간이 될 걸세."라는 말을 들었다. 당시 드러커는 버포드보다 거의 30세 위였다. 그 30년 동안 드러커 본인은 인생에서 가장 위대한 업적을 이룩했다. 버포드는 드러커가 말한 30년 중 첫 10년이 거의 끝나가는 시점에 서 있었다. 드러커의 말은 100% 적중하였다. 그

중년의 뇌는 새로운 전체를 만드는 능력이 뛰어나다.
빈스 롬바르디(Vince Lombardi)는 48세의 나이로
승률 10%가 안 되는 그린베이 패커스의 수장이 되었다.
그의 코치 후, 그린베이 패커스 팀은 9년간 여섯 번의 슈퍼볼 진출
그리고 다섯 번의 우승을 기록했다.
빈스 롬바르디는 NFL 역사상 가장 위대한 헤드코치로 평가받았다.

의 책 《하프 타임》의 성공이 바로 그 증거이다.

이안 플레밍Ian Fleming은 43세에 처음 소설을 쓰기 시작했고, 그가 쓴 '007 시리즈'는 4,000만 부 이상의 판매고를 올렸다. 샘 월튼Samuel Moore Walton은 44세에 할인마트 사업에 착수하여 월마트Wal-mart라는 세계적인 기업을 일으켰다. 조지 포먼George Foreman은 38세에 다시 권투를 시작하여 45세에 헤비급 챔피언으로 재등극하였다. 제 2차 성장이 이루어지는 중년기, 바로 이때가 필생의 업적을 남기기 위해 팔을 걷어붙여야 할 때인 것이다.

뇌는 전성기에 도달했고 2차 성장이 진행되는 중년이야말로 인생의 초반기에서는 미처 여물지 못했던 창조성이라는 열매를 농익힐 때이다. 모방이 아니라 창조이다. 누구를 따라하는 것이 아니라 스스로 만들어나가는 것이다. 속도를 늦출 때가 아니라 더 높일 때이다. 그래서 더 뜨거운 흥분이 필요하다. 바로 이와 같은 2차 성장이라는 가슴 설레는 가능성이 있기 때문에 당신은 골든 그레이로 충분히 진화할 수 있는 것이다. 고정관념에 사로잡힌 사람들이 쇠락해갈 바로 그 시기에도, 60대, 70대, 80대를 넘어서도 창조적인 삶을 이어갈 수 있는, 진정한 골든 그레이로 진화할 수 있는 때가 바로 중년이다.

04

승부처를 옮기자,
무기를 바꾸고
새로운 투구를 쓰자

인생의 전반전이 실망스러운가? 어느 한 분야의 프로가 된다는 것이 버겁게 느껴지는가? 인생의 봄과 여름 내내 무엇 하나 제대로 해놓은 일이 없는가? 그래서 "내가 늘 그렇지 뭐!"라고 생각하는가?

잡코리아 신화의 주인공 김승남 회장을 따라해보는 것은 어떨까? 그가 창업한 잡코리아Job korea를 미국 몬스터닷컴Monster.com에 약 1,000억 원대에 매각되어 소위 '잭팟'을 터뜨렸다. 인생은 한 번이지만 기회는 한 번 뿐이 아니란 것을 증명한 사례이다.

그는 원래 직업군인이었다. 21년간 육군에서 장교로 근무하다가 중령으로 예편했다. 월남전에 참전해 혁혁한 공을 세우기도 했지만 난청이라는 장애를 얻었다. 장애인 퇴역장교, 과연 사회 적응이 순탄했을까? 엎친 데 덮친 격으로 그는 친구에게 보증을 잘못 서 거리에 나앉아야 했다. 보증 빚을 정리하고 난 후 그에게 남은 재산은 27만 원이었다. 그는 살던 집에서 나와 다섯 식구를 데리고 청주 교외의 버려진 집을 빌려 월 2만 원씩 내며 살았다. 방 2개에 재래식 화장실이 밖에 따로 있는 집이었다.

그런 와중에도 그는 절망하지 않았다. 정신만 바짝 차리면 살 길이 반드시 있을 것이라는 일념으로 자기만의 고유 영역, 전문 분야를 찾아 나섰다. 나이 46세에 중학생들이 다니는 컴퓨터 학원에 다니면서 프로그램을 배워 결국 수준급에 이르렀고, 각고의 노력 끝에 '조은 시스템'이라는 도메인을 개척하는 데 성공하였다. 55세에 인터넷으로 구인·구직을 하는 프로그램을 개발하여 잡코리아를 창업했다. 그는 잡코리아의 매각 대금 중 160억 원을 받았으며 함께 했던 직원들도 수십 억 원씩 받았다.

그는 40대 중반에 시작, 10년 동안 기술을 습득하여 프로의 경지에 도달하고 그 기술을 다시 10년 동안 숙성시켜 그 분야의 프로페셔널이 되었다. 군대에서 소프트웨어 산업으로 인생의 승부처를 변경하였다. 군사학에서 IT로 무기를 바꾸었다. 그리고 빛나는 승리를 거두었다.

현재 72세인 그는 '조은 문화재단'의 이사장으로서 세상의 중심에 서서 시대의 숨결을 호흡하는, 시대의 길을 안내하는 골든 그레이이며 창조 계급이다. 평범한 퇴직자에서 골든 그레이로 성장하는 데 스펙, 자본, 인맥은 핵심 요소가 아니다. 시대를 읽고 자기를 가늠하는 힘이 핵심이다. 자기를 다시 측정하고 재설계하고 재건축하면 누구나 골든 그레이 대열에 합류할 수 있다.

낙관주의를 먼저 학습하자. 뭔가 뜻대로 되지 않을 때 우울해지는 사람과 훌훌 털고 다시 일어서는 사람 사이의 결정적 차이는, 눈앞에 나타난 사실을 자신에게 설명하는 방식에 있다. 비관적인 사람은 '내 복에 무슨 성공, 난 원래 안 되는 놈이고 결국 아무 쓸모도 없는 존재야.'라면서 안 되는 것을 당연하게 해석한다. 반면에 낙관적인 사람은 현재의 결과를 영원한 것으로 보지 않고 '이번 일은 어쩌다 일어난 일이고 난 잘 헤쳐나갈 것이다. 난 그럴 만한 능력이 있고 얼마든지 만

회할 수 있다.'고 하면서 잘 안된 것을 예외적인 현상으로 설명한다.

비관적인 사람이 되느냐, 낙관적인 사람이 되느냐 하는 것은 천성이나 성격의 문제가 아니라 자신의 경험을 해석하는 방법을 어떻게 학습하였는가에 따라 결정된다. 비관주의나 낙관주의는 모두 학습의 산물이기 때문이다. 따라서 낙관주의는 학습이 가능하다.

100세 시대엔 70세 이전의 패배가 인생의 무덤이 되지 않는다. 30년이나 더 남았으니까. 야구 중계에서 가장 많이 듣는 소리는 "위기 뒤에 찬스가 오고 찬스 뒤에 위기가 온다."는 말이다. 축구에서 스트라이커가 가져야 할 첫 번째 자질은 다음 찬스를 골로 연결시키기 위해 방금 성공시키지 못한 슈팅을 잊는 능력이다. 탁월한 골잡이는 비록 방금 페널티 킥을 실축했을지라도 5분이나 10분 뒤에 다시 멋진 슈팅을 날려 골로 연결시킨다. 이처럼 자신의 실수나 실패에 대한 자책감을 신속히 떨쳐내고 오직 경기 자체에만 다시 집중할 수 있는 능력을 길러야 한다. 그것이 돌파력이나 슈팅력보다도 더 중요하다.

피부는 탄력을 잃어가고 머리는 회색으로 변해가는데 무엇

훌륭한 스트라이커는 다음 찬스를 골로 연결시키기 위해
방금 실축한 슈팅을 잊는 능력이 뛰어난 사람이다.
자신의 실수나 실패에 대한 자책감을
신속히 떨쳐내고 오직 경기에만 집중하는 능력.
슈팅력보다 더 중요한 것은 돌파력이다.

하나 제대로 해놓은 것이 없다고 생각하는가? 인생의 전반전이 아쉬움과 후회로 가득한가? 50 이후의 50년이 감당하기 어려운 형벌로만 느껴지는가? 골든 그레이를 둘러싸고 있는 프로페셔널, 뉴 리치, 자기재건축… 이 모든 단어들이 그저 배부른 소리로만 들리는가?

만약 당신의 대답이 "그렇다."라면 당신이야말로 길어진 인생의 혜택을 가장 크게 누릴 사람이다. 20년, 30년이라는 더 많은 시간이 기회로 주어졌기 때문이다. 그만큼 숙명의 리턴 매치를 기다려왔고, 그만큼 더 승리에 대한 열망이 높기 때문에 승부를 걸어볼 수 있게 되었다. 아직 72세가 되지 않았다면 당신에겐 기회가 있다. 다시 한 번 실패를 한다고 해도 또 다시 도전해볼 기회도 있다.

잡코리아 대박 신화의 주인공 김승남 회장처럼 승부처를 옮겨보자. 무기를 바꿔 쥐자. 새로운 투구를 쓰고 새로운 검법으로 도전하자.

05

세상에
너무 늦은 건 없다

거리를 배회하다 어둑어둑할 때 들어온 남편이 아내에게 묻는다.

"여보, 우유 좀 샀어요?"

아내가 풀죽은 소리로 대답한다.

"아직 돈이 안 생겨서… IMF가 터져서 더 이상 우리 놀이방에서 수입이 생기기는 어려울 것 같아요. 우린 이제 어떻게 해야 되죠?"

남편이 마른 침을 삼키며 헛기침을 한다. 둘째가 잠에서 깨어나 울기 시작한다.

심한 갈증과 헛헛한 느낌 때문에 잠이 깼다. 몇 시나 되었을까? 시계 대신 천장을 응시한다. 한 소년의 모습이 보인다. 열네 살, 초등학교를 막 졸업한 소년이 자기보다 더 커 보이는 아이스크림 행상을 힘겹게 메고 걸어간다. 아이스크림 통이 과일 리어카로 변한다. 리어카가 세차장으로 들어간다. 세차장으로 들어간 리어카가 봉고차로 변하고 소년이 승합차에 물을 뿌린다. 세차장이 카센터로 변하고 기름때로 얼룩진 옷을 입은 소년이 차 밑에 누워 있는 모습이 보인다. 이내 카센터는 합판공장이 된다. 합판공장 위에 정수기 외판원 사무실 모습이 포개진다. 그 위에 다시 공장장에게 몽둥이로 얻어맞는 소년의 모습이 겹친다. 소년은 중얼거린다.

"난 나 같은 아이들의 버팀목이 되어야 해…."

어느덧 소년은 더 이상 간 곳이 없고 그 자리엔 52세 빈털털이 중년 남자가 서 있다.

처음 소개 받던 날, 아내의 그 수줍은 미소가 보인다. 다시 아이 울음소리가 들린다. 그래도 천장에 비친 영상은 계속 된다. 출근 시간의 시내 한복판. 포장마차 앞에 사람들이 토스트를 한 조각씩 들고 서서 유쾌한 인사를 나눈다. 토스트보다 주고받는 미소와 인사가 더 맛있다는 표정이다. 포장마차 주인, 손은 토스트를 굽고 입은 인사를 건네느라 바쁘고 눈은 지나가는 사람을 불러들이느라 바쁘고… 그야말로 정신없이 돌아가는 포장마차.

아침이 되자 남편이 아내에게 말한다.

"포장마차, 토스트 장사를 해야겠어! 그건 아침에 4~5시간만 일하면 되고 오후엔 봉사도 나갈 수 있으니 나 같은 전도사한텐 딱이지!"

아내가 조용히 말한다.

"그걸 하려면 트럭이 있어야 하는데… 트럭 장만할 밑천을 어디서 구하죠?"

남편이 결심한 듯 말한다.

"그래도 살 길은 그것뿐이오. 뭔가 방법을 찾고야 말겠어요."

6개월을 준비해서 겨우 중고트럭 한 대를 구입했다. 설렘과 기대에 차서 트럭을 몰고 거리로 나갔다. 가장 먼저 서울 녹번역에 자리를 잡았지만 처음 석 달은 처절한 실패였다. 아내를 보기가 민망해 몸살을 앓을 지경이었다. 자신이 한없이 초라하고 불쌍해 보였다. 실패를 거듭하면서 그는 더욱 세차게 머리를 흔들며 자기를 단련시켰다.

"이게 뭔가, 이건 내가 아냐! 내가 만든 토스트로 직장인들의 아침식사를 책임지자. 누구도 먹어보지 못한 최고의 토스트로 고객을 맞이하자. 대한민국에서 제일 맛있는 토스트를 맛보게 하자"

천장의 동영상은 이제 현실이 되었다. 소년은 '석봉 토스트'의 창업자로 전국에 300개 매장을 운영하는 CEO가 되었다. 김석봉 사장은 토스트 만들기로 대한민국에서 1인자가 되었다. 전반전이 실패로 끝났다는 구실로 후반전을 포기하지 않았다. 그는 먼저 내면 깊은 곳에 숨어 있던 소년을 불러내 그 소리에 귀를 기울였다.

이 과정에서 그가 체득한 것은 모든 실패는 다 성공으로 둔갑시킬 수 있다는 것과 언제라도 밑바닥부터 다시 시작할 수 있는 용기였다. 그는 세상에 너무 늦은 것은 없으며 내면의 자아를 확연히 드러내는 바로 그 순간, 인생의 대반전이 시작된다는 것을 보여주었다. 그는 말한다.

"뚜렷한 목표를 가지고 자기 자신을 크게 규정하세요. 그러면 큰 그림 속에 서 있는 당신을 발견하게 됩니다."

50 이후의 50년, 길어진 인생을 살아가는 사람들의 사전에 "너무 늦었다."라는 말은 없다. 그리고 지금이라는 말은 '시작할 때'라고 설명되어 있다. 멋진 꿈의 궁전을 재설계하자. 그리고 그 궁전에 살고 있는 자기 자신의 모습을 그려보자. 그 궁전을 '소년'에게 선물하겠노라 약속하자.

06

인생에도
가계부라는 게 있다면

인생을 옳은 방향으로 이끌기 위해서는 스스로의 현재를 엄밀히 측정해야 한다. 일단 종이 한 장을 꺼내 반으로 접은 뒤 접혀진 선을 따라 굵은 세로 선을 그어보자. 두 개의 면이 생길 것이다. 왼쪽 면 상단에는 '내가 누리고 있는 행복자산'이라고 쓰고 오른쪽 면 상단에는 '행복자산을 얻기 위해 내가 투자한 자본'이라고 적어보자. 이것이 바로 '대차대조표'이다. 즉, 대차대조표의 왼쪽은 내가 가진 것의 총합계를 나타내고 오른쪽은 지금까지 내가 투자한 것의 총합계를 나타낸다. 왼쪽을 차변, 오른쪽을 대변이라고 부른다. 따라서 왼쪽차변 총계가 오른쪽대변 총계보다 더 많으면 그만큼 인생의 흑자를 본

셈이고, 그 반대면 적자를 본 셈이다.

실제로 자기 삶의 대차대조표를 만들 때에는 계정 과목들을 계수적인 형태로 세분화하거나 구체적으로 표현하면 더 좋다. 측정 가능하게, 달성 가능하게, 실현 가능하게 그리고 손에 잡히게 표현하라는 뜻이다. "열심히 한다."보다는 "100번 시도한다."라는 것이 더 구체적이고 달성 가능한 것이다. "경제적 여유가 있다."보다는 "통장에 1억이 있다."가 측정 가능하고 손에 잡히는 표현이다. 다음은 잘 작성된 대차대조표의 예이다.

| 홍길동의 대차대조표 |

내가 누리고 있는 행복자산		행복자산을 누리기 위해 투자한 자본	
합창단에서 노래하는 즐거움	000	학교교육 18년, 해외연수	000
날마다 영적 성숙을 경험	000	회사생활 20년	000
소설 창작의 즐거움	000	1,200권 독서	000
작지만 포근한 보금자리	000		
합 계	000	합 계	000

단위 : 백만 원, 2012년 2월 1일 현재

대차대조표에 있는 항목들을 액수로 환산한다는 것이 쉽지는 않을 것이다. 그러나 각자 자기 나름의 주관적인 금액을 적어 넣을 수는 있다. 어디까지나 자신만의 기준으로 환산하면 된다.

만약 대차대조표의 오른쪽, 즉 대변의 총합계보다 왼쪽, 차변의 총합계가 더 많다면 그 차액이 바로 인생이라는 기업의 이익, 삶의 성과이다. 그러나 성과라든지 이익 또는 잉여Surplus라는 것은 어디까지나 회계적 개념일 뿐, 인생의 모든 것을 말해주는 것은 아니다. 차변 합계보다 대변 합계가 더 많다고 해서 반드시 실패한 삶을 살았다고 말할 수도 없다. 그런 경우, 대체로 차변 또는 대변의 집계 과정에서 뭔가 누락되었거나 과소평가한 자산이 있을 것이다.

대차대조표를 작성하는 목적은 어디까지나 현재 나의 상태를 정확히 진단하는 데 있다. 100세까지 건강하고 행복한 삶을 이어가기 위해 내가 손에 쥐어야 할 것은 무엇이고, 그것을 손에 쥐기 위해 내가 투자해야 할 유·무형의 자본은 무엇인가를 명백하게 드러내어 알고자 하는 것이다. 또한 투자와 그 성과가 적절한 균형을 맞추고 있는지 확인해보고 투자의 요소들이 최적의 구성을 이루고 있는지의 여부와 보유한 행복자산이 인생의 각 영역별로 균형 있게 분포되어 있는지, 과소투자는 아닌지, 과잉투자는 아닌지 확인해보는 것이다.

또한 삶의 대차대조표는 현재의 상태를 확인하고 진단하는 데에만 사용되는 것이 아니라 장래에 내가 어떤 상태에 도달할 것인지 예측하고 디자인하는 데에도 활용된다. '미래 대차대조표'가 그것이다. 미래 대차대조표의 차변에는 현재 누리고 있는 행복자산이 무엇인지, 얼마나 있는지가 아니라 미래 어떤 시점에 무엇을, 얼마나 가질 것인지가 적혀 있어야 한

| 홍길동의 미래 대차대조표 |

누리고 싶은 행복자산		투자해야 할 노력 자본	
100세 장수를 누림	000	수영 1만 5천 킬로미터	000
소설가로서 시대의 중심에 서는 즐거움	000	감사 편지 3만 통 발송	000
악단에서 첼로를 연주하는 즐거움	000	강연 연습 2,000시간	000
100명의 작가들과 교제하는 즐거움	000	단편소설 100편 습작	000
합 계		합 계	

단위 : 백만 원, 2025년 12월 31일 현재

다. 대변에는 지금까지 무엇을 투자했는지가 아니라, 지금부터 무엇을 얼마나 투자할 것인지, 투자하지 않으면 안 되는 내용을 표시하는 것이다. 그리고 미래에 가질 자산과 투하자본 사이의 차이만큼 삶의 잉여, 보람이 창조되는 것이다.

07

사람은 안 변한다고?
변해서 사람인 거다

한 사업가가 성형수술을 했다. 얼굴을 확 바꾼 것이다. 수술 직후 그는 나에게 다음과 같은 메시지를 보내왔다.

"이번 수술로 예쁜 얼굴보다 내면의 아름다움이 반영되는 얼굴을 희망했지요. 그러자면 내면의 부실함을 채우는 작업을 먼저 했어야 했는데… 그게 평생 걸릴 것 같아서 순서를 바꾼 것이죠. 새치기."

그래서 내가 질문했다.

"그 수술이 삶의 시간도 리필해주나요?"

그가 답변했다.

"앞으로 진화할 시간을 얻는 거죠. 수술도 진화의 하나입니다."

"골든 그레이로 재탄생하는 장엄한 의식이로군요. 진화된 모습이 기대되네요."

그는 지난 30년 동안 종사해온 사업을 마무리하고 진정한 자아를 발견하기 위해 5년이고 10년이고 떠날 준비를 하고 있는 상태이다. 생각을 버리고 습관을 버리고 물건을 버리고 정든 장소를 포기하고 낡은 자아를 버리겠노라며. 새로운 자아를 탄생시킬 것이라고 했다. 그 첫 행보 중 하나가 바로 성형수술이었다.

외과의사 맥스웰 몰츠Maxwell Maltz는 환자의 얼굴에 있는 흉을 제거하고 나면 그 사람의 마인드나 태도가 놀랍도록 크게 변화한다는 사실을 확인했다. 성형수술을 통해 얼굴 생김새와 이미지를 업그레이드하면 성품이나 인격, 리더십이 향상될 수 있다는 것이다. 그는 자신이 손에 들고 있던 외과용 메스는 환자의 외모뿐만 아니라 그들의 인생 자체를 바꾸어주는 마법의 칼이었다고 말한다. 그의 책《성공의 법칙》에서 그는 이렇게 말했다.

"수줍음이 많고 내향적이던 사람은 대담하고 용감해졌으며, 멍청해 보이던 소년은 민첩하고 똑똑하게 변했다. 하지만 그들 중에서 가장 놀라운 인물은 원래 변화할 의지가 전혀 없어서 선도할 수 없는 상태에 있다가 하룻밤 사이에 모범수로 변신한 상습적인 범죄자이다. 이후 그는 가석방으로 출소해 사회에서 책임감 강한 사람으로 살아갔다. 이러한 사람들을 단순히 코, 귀, 입, 팔이나 다리를 수술해야 하는 환자가 아니라 심리적, 감정적 그리고 정신적으로 마음의 상처를 치료하는 방법, 그들의 신체적 외모를 바꾸는 것뿐 아니라 태도와 생각을 함께 변화시킬 수 있는 방법을….."

세상의 모든 성공과 실패는 '셀프 이미지self image'에 의해 좌우된다. 만약 어떤 학생이 다른 과목은 잘하는데 유독 수학을 잘 못한다면 아둔하거나 능력이 부족해서 그런 것이 아니고 마음속에 "난 원래 수학은 못해."라는 부적절한 셀프 이미지를 가지고 있기 때문이다.

내가 만난 한 고등학생은 "나야 뭐, 당연히 전교 꼴찌야."라는 셀프 이미지를 가진 채 꼴찌로 살아왔다. 셀프 이미지를 바꾸라는 나의 강의를 듣고 "나는 국민배우가 된다."는 문장을 하루에 15번씩 썼다. 불과 6개월 후, 그는 전교 석차 2등이 되었다. 중위권을 맴돌던 어떤 중학생은 1등이라는 셀프 이미지를 가지기 위해 "난 전교 1등이다."라는 문장을 하루에

15번씩 썼다. 그리고 3개월 후, 전교 3등이 되었다. "이 나이 먹도록 도대체 난 뭘 했지?"라고 한탄하고 있는 처지라고 해서 당신은 결코 무능한 사람이 아니다. 다만 부정적인 셀프 이미지를 가지고 있을 뿐이다.

그래서 맥스웰 몰츠는 얼굴 또는 마음의 성형수술을 시도하라고 권한다. 얼굴에 직접 성형수술을 하면 마음속의 셀프 이미지도 업그레이드된다는 것이다. 50 이후의 50년을 골든 그레이로 살아갈 생각이라면, 지금 뭔가를 시작하기 전에 먼저 마음의 성형수술부터 마치고 그 일을 시작하라. "난 안 돼." "나는 아마추어야."라는 부정적인 셀프 이미지를 털어내고 대신 그 자리에 '화려한 승리자' '프로페셔널' '골든 그레이'의 이미지를 심어보자.

위에서 예로 든 학생들처럼 노트를 하나 준비하고 "나는 매출 30억 원 안경점 사장이다."와 같은 다짐을 매일 15번씩 적어보자. 아니면 필승 포트폴리오를 만들어보자. 그래서 당신이 모방하고 싶은 성공모델, 당신이 영웅으로 삼고 있는 사람의 성격이나 기사, 연설문, 전략과 전술에 관한 모든 자료를 담아라. 자료를 모으고 포트폴리오를 만들어가는 행위 하나하나가 실패의 이미지를 지우고 필승의 이미지를 각인하는 과정이며 창조 메커니즘의 스위치를 올리는 동작이다.

'새로운 것'으로 채우는 작업은 '이전 것'을 없애는 가장 효과적인 방법이다. 마음에서 패배의 흔적을 없애려면 승리의 이미지를 각인시켜야 한다. 이미 있는 것을 지우지 말고 새로운 이미지를 심는 데 집중해야 한다. 각인시키는 방법은 사람에 따라 다르다.

BC 333년, 알렉산더Alexander가 군대를 이끌고 아시아 정벌에 나섰다. 프리기지아를 정복하고 수도인 고르디움의 성문에 도착한 그는 성민들로부터 환영을 받았다. 성민들은 그를 그 도시의 창건자가 타고 다니던 마차에 올라타게 하였다. 그 마차는 끝이 보이지 않는 복잡한 매듭으로 장대에 묶여 있었다. 매듭은 촘촘하게 짜인 수백 개의 실로 만들어져 있었다. 성민들은 그 매듭을 풀면 자신들의 왕으로 추앙할 것이며 그렇게 추앙받는 왕은 그 지역의 전설에 따라 아시아 전부를 지배하게 될 것이라며 알렉산더에게 매듭 풀기를 요구했다. 알렉산더는 복잡하게 꼬여 있는 그 터키식 매듭을 뚫어지게 바라보았다. 그러더니 칼을 꺼내어 전광석화처럼 매듭을 두 동강 냈다. 그리고 아시아의 지배자가 되었다. '이것이 바로 고르디우스 매듭Gordian knot의 전설'이다.

능력이 모자라는 매듭, 이미 늦었다는 매듭 그리고 첫 단추가 잘못 끼워졌다는 매듭을 단번에 베어버리자. 저 옛날 알렉산더가 군중들의 시선이 집중된 가운데 미간을 잔뜩 찌푸렸던 것처럼, 당신도 손을 칼집에 댄 채 미간을 찌푸려보자. 그리고 섬광처럼 번쩍하는 칼날의 반사광을 상상해보자. 두 동강 난 매듭, 당신을 지금까지 옭아맸던 마음의 매듭이 땅바닥에 나뒹굴고 있을 것이다. 당신을 지켜보고 있는 많은 시선들이 경탄해 마지않는 것이 느껴진다. 그리고 어떤 멋진 도메인의 강력한 지배자가 되어 있는 당신의 모습이 보일 것이다. 이렇게 해서 성형수술은 끝났다.

알렉산더는 매듭을 노려보며 아시아 전부를 지배하고 있는 자신을 떠올렸을 것이다. 우리도 그렇게 하자. 달리기를 하면서, 수영을 하면서, 아니면 팔굽혀펴기를 하면서 지금 만든 이미지를 계속 반복해서 떠올리자. 방법이야 어떻든 중요한 것은 의식적으로 패배의 이미지를 털어낸 스스로의 모습을 바라보려는 노력이다. 마음의 성형수술을 시도해보자. 필요하면 점을 빼거나 흉터를 지우거나 눈을 빛나게 하는 얼굴의 성형수술도 괜찮다. 셀프 이미지를 바꾸는 것은 골든 그레이로 가는 원천기술이며, 100년 행복을 위한 결단이다.

PART4

기억하라,
당신은 베테랑이다

─────── 골든 그레이는 프로페셔널이다. 그들의 머리카락은 회색이지만 그들의 기술은 구식이 아니라 무르익었다. 그들의 지식은 낡은 것이 아니라 체계화된 것이다. 체계화된 지식과 무르익은 기술에 더하여 절정기에 달한 지략과 경륜을 겸비하고 있다. 그들은 당대 최고의 전문가이며, 사회의 중추이다. 하나의 전문 영역에서 20~30년 종사해왔다면, 가끔 "과연 최고야!"라는 평을 듣는다면, 당신은 한 사람의 프로페셔널로, 한 사람의 골든 그레이로 충분히 진화할 수 있다.

01

'older'와 'better'는 동의어이다

9·11 테러 사건의 범인을 추적하는 일에 FBI가 동원됐다. 그러나 FBI 요원 중 40%가 이 일에 적합하지 않다는 사실이 밝혀졌다. 요원들의 문제점은 무엇이었을까? 그들은 빨리 달릴 수 있고 끊임없이 팔굽혀펴기를 할 수 있으며 사격 실력도 뛰어났지만 경험이 턱없이 부족했다. 대부분의 경력이 5년 이하였던 것이다. 사태가 심각한 국면에 이르자 FBI는 불리한 상황을 타개하기 위해 단지 머리가 회색이라는 이유 하나만으로 57세에 퇴직해야 했던 옛 요원들을 다시 고용했다. 빈 라덴을 찾기 위해 진정한 프로, 베테랑들이 출동한 것이다.

한 서양인이 중국 베이징에 머물게 되었다. 그는 하루 일과를 마치고 어두워지면, 동양의 정취를 즐기기 위해 산책을 하곤 했는데 특히 의원이 줄지어 선 골목을 자주 갔다. 의원들은 저마다 권위를 뽐내려는 듯 환한 등불을 내걸고 있었다. 어떤 곳은 20개, 어떤 곳은 30개, 심지어 어떤 곳은 50개도 넘는 등을 내걸어 주위를 환하게 밝히고 있었다. 서양인은 의원마다 내건 등불의 수가 제각각인 이유가 궁금했다. 사람들에게 물어보니 의료 사고로 환자가 사망할 때마다 등불을 하나씩 추가하는 것이라고 했다. 그 서양인은 중국인들의 정직함과 윤리의식에 감탄했다.

그러던 어느 날 서양인은 갑자기 배가 아팠다. 그는 의원 골목으로 향했다. 이 골목 저 골목을 살피다가 등불이 딱 하나만 걸려 있는 의원을 발견했다. '이 집이야말로 실수 없이 치료를 하는 곳이구나!'라고 생각했다. 그는 '등불 하나' 의원에 들어가 진맥을 받고 침을 맞고 약을 받았다. 진료를 마치고 나오면서 의원에게 물었다.

"다른 의원들은 다 등불을 수십 개씩 내걸고 있는데 당신은 왜 하나뿐인가요?"

의원이 대답했다.

"오늘 개업했기 때문입니다."

'old 오래된'라는 말은 'better 더 좋은'이라는 말과 동의어라고 할 수 있다. 발렌타인 17년산과 32년산의 가격 차이는 3배가 넘는다. 위스키는 오래 숙성시킬수록 거칠고 원시적인 맛이 중화되어 좋은 향이 더해지며, 맛이 진해지기 때문이다. 다시 말해 숙성을 하면 위스키의 단점은 줄어들고 장점이 살아나 제품의 값어치가 더욱 높아진다. 숙성은 나쁜 위스키를 좋은 위스키로 만들 수는 없지만, 좋은 위스키를 더 훌륭한 위스키로 만들 수는 있다.

위스키뿐만 아니라 치즈, 쇠고기도 숙성을 통해 더 깊은 맛이 나게 된다. 김치와 된장도 그렇다. 방금 만들어진 간장 1리터의 가격은 5,000원 정도이지만 100년 숙성된 간장은 500만 원 정도이다. 오래된 분재 소나무도 마찬가지고 오래된 바이올린도 마찬가지이다. 우리가 종종 경험이 짧은 사람들을 '풋내기'라 묘사하는 것도 바로 그런 깊이의 차이 때문이다. 연륜이 나쁜 사람을 좋은 사람으로 만들 수는 없지만, 탁월한 사람을 더 탁월한 사람으로 만들 수는 있다.

FBI와 베이징 의원 골목 사례에서 보듯이 진정한 프로가 되기 위해 연륜은 필수이다. 지식에 경험이 더해진 것을 노하우라고 한다면 축적된 노하우를 보유한 사람이 바로 프로이다. 프로는 세월의 파도에 난파당하지 않는다. 오히려 파도를 즐길 수 있다. 온갖 자격증, 박사학위, 체력, 적성, 지능, 네트워크 등을 완벽히 갖추었다 해도 연륜과 경험이 없다면 세월의 변화무쌍함을 감당하기 어렵다. 프로 스포츠 세계에서도 결정적 한 방은 그 팀의 노련한 '큰 형님'에게서 나온다. 전문지식에 더하여 머리가 회색으로 변할 만큼의 연륜과 노하우가 축적되고 나면 그땐 세상의 어떤 변화도 위협이 아니라 기회가 된다.

C선배 같이 프로페셔널이면서 머리는 회색인 사람들, 나이가 들수록 뒤로 물러나는 것이 아니라 오히려 앞으로 전진하는 사람들이 바로 이 책에서 말하는 골든 그레이다. 골든 그레이는 모두가 알아주는 그 분야의 프로이면서 연륜과 경험이 눅진히 쌓인 사람들이다. 프로라고 할 만한 예리한 한칼을 지니고 있어도 그 칼을 언제, 어디에 써야 하는지를 모른다면 그것은 위험한 흉기가 된다. 예리한 날에 더하여, 경륜이라는 칼집이 겸비되어야 진정한 보검이 되는 것이다. 그런 보검을 지닌 사람이 바로 골든 그레이다.

프로페셔널은 자신의 전문 분야에 최소 6만 시간 이상 집중한 '마이스터Meister'를 지칭하는 말이다. 하루 10시간 이상,

프로페셔널이면서 머리는 회색인 사람들.
나이가 들수록 뒤로 물러나는 것이 아니라 오히려 앞으로 전진하는 사람들.
골든 그레이는 모두가 알아주는 그 분야의 프로이면서
연륜과 경험이 묵직히 쌓인 사람들이다.

1년 300일 이상을 20년 동안 하나의 도메인에 매달렸기 때문에 그 도메인에 관해 모르는 것이 없고 안 해본 것이 없다. 그렇기 때문에 프로페셔널은 달인, 명장, 일가, 전문가, 권위자, 지식노동자, 테크노크라트technocrat, 개척자, 창시자, 멘토, 창업자 등의 단어로 불릴 만하다.

프로페셔널은 큰 성공도 해보고 실수도 해봤다. 실수를 했을 때, 좌절하는 대신 극복하고 다시 일어섰다. 많은 양의 책도 읽었고 수없이 많은 사람들을 만났다. 그러면서 나름의 매뉴얼과 데이터를 축적하였다. 어떻게 하는 것인지를 아는 것은 기본이고 어디를 가야 답이 있는지, 누구에게 답이 있는지도 다 알고 있다. 솔루션이 있는 곳으로 가는 법을 알고 있고 답을 가진 그 사람과의 연결 루트도 알고 있다.

프로페셔널은 자신이 한 일에 대해 끝까지 책임을 진다. 결코 책임을 회피하지 않는다. 기회가 오면 실수 없이 낚아채며 우물쭈물하다가 놓치는 법이 없다. 자신에게 엄격하고 남에게 관대하다. 평생 공부를 한다. 하루가 24시간이 아니라 25시간이다. 프로페셔널은 노하우Know-How에 더하여 노웨어Know-Where까지 가지고 있다.

골든 그레이는 프로페셔널이다. 그들의 머리카락은 회색이지만 기술은 구식이 아니라 무르익었다. 그들의 지식은 낡은 것이 아니라 체계화된 것이다. 애송이가 아니라 달인이다. 체계화된 지식과 무르익은 기술에 더하여 절정기에 달한 지략과 경륜을 겸비하고 있다. 일가를 이루고 있다. 당대 최고의 전문가이다. 빛나는 보석이며 사회의 중추이다.

누군가 50대를 바라보기 시작했고 체계화된 지식과 탁월한 기술에 더하여 풍부한 경험이 있다면, 하나의 전문 영역에서 20~30년 또는 그 이상 종사해왔다면, 그리고 가끔 "과연 최고야!"라는 말을 듣고 있다면, 특히 그의 전문 영역이 매니지먼트, 조사연구, 기획, 금융, 엔지니어, 디자인, 기획, 영상, 문예, 공연, 기타 지식노동 또는 창작 분야로 분류된다면, 그는 한 사람의 프로페셔널로, 한 사람의 골든 그레이로 충분히 진화할 수 있다.

02

그것밖에 모르는
바보면 뭐 어떤가

친구 K는 국제 자원개발 분야의 프로이다. 마지막 직장을 그만둔 지 5년이 지났고 지금은 일하고 싶을 때만 일한다. 하지만 수입은 재직 당시보다 2~3배 가깝게 늘었다. 지구촌 구석구석 가보지 않은 곳이 거의 없으며 부인에게 최고급 승용차를 선물할 정도로 여유롭다. 가지고 있는 재산이 많아서가 아니다. 언제라도 벌면 되기 때문이다.

그가 하는 일은 이런 것이다. 각 분야의 세계적인 전문가들 회원으로 있는 작은 카페에서, 국제 자원개발 프로젝트에 관련된 전문적 컨설팅을 필요로 하는 회원에게 몇 주, 아니 몇 달 동안 필요한 정보와 조언을 제공하고 자신의 네트워크에 연결시켜준다. 필요하면 시베리아, 남미, 아프리카로 언제든지 날아간다. 그렇게 매년 서너 건을 처리하고 대기업 임원보다 더 많은 수입을 올린다.

일을 그만두어도 먹고사는 데 전혀 지장이 없지만 일 자체가 너무 재미있기 때문에 절대 그만 둘 수가 없다. 재미만 있는 것이 아니라 자신이 개척한 이 분야를 후배들에게 전수할 책임이 있기 때문에 더 열심히 해야 한다고 말한다. 그는 건강하기만 하면 언제까지라도 노동의 즐거움을 누릴 수 있다. 그는 결코 물러서거나 멈춰서지 않는다. 오직 자신 자신에게 주어진 사명에 충실할 뿐이다.

친구 K같은 사람이 진짜 프로이다. 프로는 전문적인 교육을 받은 사람, 반드시 돈을 받고 일하는 사람, 자율성이 높은 직종에 종사하는 사람, 넉넉한 보수를 받는 사람, 창의적이고 지적 도전이 요구되는 일에 종사하는 사람, 특정한 일에 아주 능통한 사람, 그리고 직업윤리를 잘 지키는 사람을 가리키는 말이다.

《조선의 프로페셔널》이라는 책을 펴낸 안대회 교수는 여행가, 바둑 기사, 연주가, 춤꾼, 원예가, 만능 조각가, 북 마스터, 원예가, 시인 등 18세기 조선의 숨은 명인 10명의 생애를 돌아보고, 그들이야말로 오늘날 우리가 말하는 프로페셔널의 전형적인 모델이라고 했다. 조선의 명인들이 보여준 프로정신은 자신이 옳다고 믿는 일에 조건 없이 온몸을 던지는 것 그리고 진정한 고수의 경지에 도달하는 것이었다. 그는 특히 조선의 명인들이 보여준 프로정신의 5대 요소로 벽癖:버릇, 치痴:바보, 광狂:미친, 나懶:혐오, 오傲:오기를 들었다.

프로 또는 명인이란, 낯선 분야를 개척하여 전문가로 발돋움한 사람으로서 오직 한 가지에만 미쳐서 그것밖에 모르는 사람, 또한 자기가 선택한 그 한 가지 일을 끔찍이 사랑하며 몰입함으로써 고칠 수 없는 독특한 벽을 가지고 있는 사람, 그것밖에 모르는 바보라는 소리를 듣지만 그것에 관한 한 최고의 기술과 능력을 발휘하는 사람이다. 그러므로 단순한 마니아에서 더 나아가 당대 최고를 지향하며 자기가 하는 일에 대한 자부심과 자신이 최고라는 자신감으로 사는 사람이 바로 프로이다. 자부심과 긍지, 도도함과 성깔로 똘똘 뭉쳐 결코 꺾이지 않는 오기를 보여주며 누가 무슨 말을 하든 아랑곳하지 않는다. 세속적인 성공보다 최고의 기량을 보여주는 것이 그들의 목표이다. 조선의 명인들이야말로 진정한 프로정신이 무엇인지를 보여준 사람들이다.

《프로페셔널의 조건》에서 피터 드러커는 프로를 다음과 같이 정의했다. "언제나 높은 생산성을 발휘하며 탁월한 자기 관리 능력을 보여주고 풍부한 경영지식을 갖추고 있으면서 자기실현을 위한 도전을 멈추지 않는 사람".

드러커는 자신이야말로 진정한 지식노동자이면서 또한 프로페셔널이라고 생각했다. 그래서 그는 자신이 몸소 겪은 다양한 지적 경험을 소개하는 형식으로 프로가 갖춰야 할 덕목들을 제시하였다. 목표와 비전을 가질 것, 정직한 완벽을 추구할 것, 끊임없이 새로운 주제를 공부할 것, 자신이 한 일을 정기적으로 재검토할 것, 직무에 요구되는 새로운 것을 배울 것, 예상했던 결과와 실제 결과를 비교하며 피드백할 것 그리고 타인의 삶에 변화를 불러일으킬 수 있을 것을 제시하였다.

한편, 일본의 평론가 오마에 겐이치Omae Kenichi는 진정한 프로란 감정을 억제하고 이성적으로 행동하는 냉철한 사람, 해박한 지식과 기술을 가지고 있는 사람, 높은 윤리관은 물론이고 언제나 고객제일주의로 생각하며 끊임없는 호기심과 향상심, 엄격한 규율을 가지고 있는 사람이라고 말했다. 덧붙여 프로가 되기 위해 선견력, 구상력, 토론력, 적응력을 갖춰야 한다고 했다.

발명가이며 동시에 창업투자 전문가인 마이크 메릴Mike Merrill

한국의 베이비부머 세대에게 100세 시대는 기회이다.

스스로를 프로의 반열에 올려놓을 수 있는 아주 유리한 조건에 있기 때문이다.

50세나 60세에 퇴직을 한다고 해도,

10년 동안 한 분야를 공부하고 정진하면,

그 후 20~30년 동안 그 분야의 프로가 될 수 있다.

은 스티브 잡스, 하워드 슐츠, 샘 월튼 Samuel Moore Walton 그리고 매리 케이 애쉬 Marry Kay Ash 등 미국 산업계를 대표하는 프로페셔널 리더 63명을 인터뷰하고 그들의 말을 정리하여 《프로페셔널의 힘》이라는 책을 펴냈다. 그의 책에 의하면 초일류 프로들의 생각은 다음 아홉가지 면에서 아마추어와 다르다고 했다.

- 목적으로 이끈다. 실행력 없는 비전은 무용지물이다.
- 다르지 않으면 특별할 수 없다.
- 멀어도 기본에 충실하기 위해 기꺼이 돌아간다.
- 두뇌의 가동률을 높인다.
- 최고가 되기 위해 최고에게 배운다.
- 한 가지로 끝까지 승부한다. 오직 한 우물만 판다.
- 답을 찾을 수 없을 땐 문제를 바꾼다.
- 장점을 보강한다. 성공의 흐름으로 이어갈 방법을 찾는다.
- 스스로 자신의 프로모터가 된다.

LG경제연구원 김현기는 《대한민국 프로페셔널의 조건》을 통해 "그동안 스포츠 선수나 컨설턴트, 애널리스트 등에게만 적용됐던 냉혹한 프로의 생존법칙이 경제활동을 하는 거의 모든 사람에게 적용되기 시작했다."고 말했다. 다시 말해 '정직하고 부지런하기만 하면 2등은 간다.' '사람의 능력은 거기서 거기이다.' '결과에 목숨 걸지 마라.' '성공하면 더욱 좋겠지만 중간만 하면 죽진 않으니 그냥 최선을 다할 뿐이다.' 하는 식의 아마추어 습성을 가진 사람은 더 이상 발붙일 데 없는 세상이 되었다는 것이다. 그렇다. 아마추어 습성을 버리지 못하면 눈칫밥 먹으며 불편한 모든 것을 참고 살아야 한다. 오직 프로만이 살아남는 세상이 된 것이다. 살아남는다는 것은 단순히 목숨을 부지하는 것이 아니라, 나름의 가치와 목적으로 삶을 이끌고 경제적인 불편을 느끼지 않으며 자기 브랜드를 내걸고 활동하는 것을 말한다.

한국의 베이비부머 세대에게 이런 트렌드는 위기가 아니라 기회이다. 스스로를 프로의 반열에 올려놓을 수 있는 아주 유리한 조건에 있기 때문이다. 50세나 60세에 퇴직을 한다 해도 10년 동안 한 분야에 정진하면, 그 후로 20~30년 동안 그 분야 프로가 될 수 있다.

가령 55세에 퇴직한 후, 전혀 생소한 요리에 입문한다 해도 넉넉히 잡아 10년이면 충분히 한 가지 요리의 명인이 될 수 있다. 집중력과 학습력이 개발되어 있고 이해력, 응용력, 적응력이 최고조에 달해 있을 뿐만 아니라 금전적 여유가 있으니 최고의 텍스트와 실습재료를 사용하며 다양한 훈련 과정을 두루 섭렵할 수 있다. 시간적 여유도 있기 때문에 서둘지 않고 기초부터 탄탄히 창의적으로 배워나갈 수 있다. 이런 조건들은 실력이 붙는 속도를 확실하게 높여준다.

불과 5년 만에 중국요리 명인으로 발돋움하는 데 성공한 그레이스 리의 사례가 이런 가능성을 잘 뒷받침해주고 있다. 그레이스 리가 10년도 안 되는 시간 안에 자기를 요리 명인의 반열에 올려놓을 수 있었던 것은 그만큼 가진 것이, 이룬 것이 이미 있었기 때문이기도 하다. 그렇다. 바로 그 점이다. 현재 베이비부머 세대 대부분은 대한민국 사회에서 소위 기득권층에 속하는 사람들이 아니던가?

또 한 가지 유리한 조건은 신천지, 블루오션이 아직 수두룩하게 남아 있다는 사실이다. 사실 그동안 절대빈곤에서 빠져나오느라, 대학을 졸업하고 집을 사고 자동차를 사고 이것저것 삶의 구색을 맞추느라 우리 사회에는 미처 자세히 들여다보지 못한 구석이 여기저기 널려 있다. 그레이스 리의 경우만 보더라도 중국요리 중에 어느 하나 딱 집어 특별한 메뉴의 명인이 된 것은 아니었다. 이렇게 세부적으로 파고들면 "내가 이 분야를 개척했다."라고 할 만한 블루오션이 많이 남아 있다.

그렇게 해서 10년 만에 전복스파게티나 타조스테이크의 명인이 되었다면, 그리고 그가 85세까지 현역으로 일한다면, 20년 동안 사람들에게 즐거움을 선사하며 지적 환희를 맛볼 수 있게 된다. 도전해볼 만하지 않은가? 누구나 자기만의 분야에서 당대 명인의 반열에 오를 수 있는 기회가 주어진다는 것, 그것이 '50 이후 맞이한 50년'을 살아가는 사람들의 특권이다.

03

가슴 떨리지 않는다면
찢어버려라

1970년 여름, 대학교 4학년이던 나는 방학 내내 도서관에서 어떤 자격시험 준비를 하고 있었다. 하루는 도서관 입구에 들어서는데 방송국 로고가 찍힌 마이크를 들고 있는 어떤 아저씨가 지나가는 학생들을 한 명씩 붙잡고 질문을 던지고 있었다. 내가 입구 쪽으로 다가서자 그는 나에게도 손짓을 하였다. 잠깐 이야기 좀 하자고 했다. 내키지는 않았지만 피할 이유도 없었다. 그가 물었다.

"집이 어디죠?"

"강원도입니다."

"방학인데 왜 시골로 안 가고 학교에 남아 있어요?"

"나름 뭐 좀 준비할 게 있어서요."

"구직 준비입니까?"

"뭐 직접적인 구직 준비는 아니고 장래에 대한 준비를 좀 하느라고요."

"장래 어떤 일을 하려고 하는데요?"

"글쎄요. 어떤 직업이라고 말하긴 어렵지만… 많은 사람들을 모아놓고 그들에게 뭔가를 이야기하거나 설득하는, 뭐 그런 일이 될 것 같습니다."

그 후로 42년이 지났다. 스물 넷에 학교를 졸업하고 군대에 다녀와 학생 때의 포부 같은 것은 까맣게 잊은 채 그럭저럭 취직하고 결혼하고 아이 셋 낳고 먹고살다보니, 어느덧 마흔이 넘은 중년 아저씨가 되어 있었다. 오랜만에 만나는 친구들마다 "너 원래 이렇지 않았잖아? 학교 땐 잘나갈 것 같더니 왜 그렇게 살아?"라는 말을 했다. 그런 말들을 나는 별로 대수롭지 않게 여겼다. "사람 사는 게 다 그런 거지."라며. 그렇게 40대 중반에 이르자 그런 말들이 너무 듣기 싫어졌고, '정말 인생이라는 게 이렇게 그럭저럭 먹고살다가 끝나는 것인가?'라는 생각이 들었다. 특히 가계 대출도 못 갚고 죽으면 자식들은 어떻게 되려나 하는 큰 걱정이 가장 컸다.

그래서 스스로에게 "내가 원래 이렇지 않았다면… 그럼 난 원래 어땠지?"라고 재차 물었다. 그리곤 오랜 방황이 시작되었다. 돈이 없어서 여행은 갈 수 없었다. 겨우 시외버스나 타고 강가나 산 속에 가서 우두커니 앉아 있었다. 그런 시간이 3년 넘게 계속 되었다. 그러던 어느 날 문득 학생 때 도서관 입구에서 그 리포터와 묻고 답했던 장면이 떠올랐다. 그 후로 계속 그 장면에 매달렸다.

"그래, 맞아 그거였어. 바로 그거야!"

그렇게 소리치는 순간 나는 뭔가 눈앞이 환해지는 느낌이었다. 미처 느끼지 못했던 뭔가가 살아나는 기분이었다.

나는 사람들, 특히 많은 사람들 앞에 서면 전에 떠오르지 않았던 생각이 떠오르는 사람이었다. 내 성대는 청중들의 표정을 보면 딱 맞는 절묘한 소리를 냈다. 청중의 안색이 어두워지면 사지에 힘이 빠져나가는 것을 너무 또렷하게 느꼈다. 내가 한 말에 스스로 감동하고 도취되는 습관이 있었다. 책을 읽거나 혼자 생각할 때는 전혀 풀지 못했던 문제도 사람들과 이야기를 하다보면 풀렸다. 나는 이런 사람이었다. 그게 원래 나였다.

자, 그럼 원래 나로 돌아가기 위해 당장 취해야 할 액션은 무엇인가? 내 안에 억눌려 있던 대학교 4학년 시절의 나, 그 열정 가득한 청년을 다시 불러냈다. 청춘의 힘을 다시 발휘하여 강연이라는 분야에 정진할 수 있었고 이 책에서 말하는 골든 그레이로 진화할 수 있었다. 즉, 프로페셔널이 되는 것은 골든 그레이로 진화하기 위한 필요충분 조건이라고 할 수 있다.

당신도 이 시대의 골든 그레이로 진화하고 싶은가? 그렇다면 지금 당장 계획적인 방황, 방향성이 있는 공백 기간을 설정하라. 지금까지 억눌려 있던 내면의 자아를 겉으로 드러내자. 먹고사는 현실에 밀려 심연에 숨겨 두었던 열아홉 젊은이를 불러내자. 그것이 100세 시대의 현명한 자기재건축, 골든 그레이로 가는 첫발이다.

한적한 교외에서 5시간, 10시간 혹은 그 이상 얼마든지, 누구의 방해도 받지 않고 눕거나 앉거나 산책을 하거나 아무런 불편이 없는 자유자재의 상태를 확보하자. 3일, 1주일, 6개월, 3년⋯ 길면 길수록 좋다. 목구멍이 포도청이라 긴 시간을 낼 수 없다면 하루씩 50번, 100번 반복하면 된다. 안방도 좋고 베란다라도 좋다. 다만, 전화나 텔레비전의 방해를 받지 않아야 한다. 복식호흡을 다섯 번 하고 편안한 자세를 취하라.

마이클 잭슨 Micael Jackson 은 다음과 같이 말했다.

"나는 춤을 출 때 신성하고 영적인 어떤 힘이 내 안으로 들어오는 느낌을 받곤 했다. 그럴 때면 내 영혼은 한없이 고양되었고, 나는 온 우주와 하나가 되었다. 나는 별도 되고 달도 되었으며, 사랑하는 존재가 되었고 사랑받는 존재가 되었다. 승리자도 되었다가 무언가에 정복당한 존재도 되었다. 나는 노래하는 존재이자 노래 그 자체가 되었으며, 이해하는 사람이면서 이해받는 사람이 되었다."

자, 이제 마이클 잭슨의 말에서 춤과 노래가 들어간 자리에 당신의 단어를 넣어보자. 이런 식으로 말이다.

"나는 요리를 할 때 신성하고 영적인 어떤 힘이 내 안으로 들어오는 느낌을 받곤 했다. 그럴 때면 내 영혼은 한없이 고양되었고, 나는 온 우주와 하나가 되었다. 나는 별도 되고 달도 되었으며, 사랑하는 존재가 되었고 사랑받는 존재가 되었다. 승리자도 되었다가 무언가에 정복당한 존재도 되었다. 나는 요리하는 존재이자 요리 그 자체가 되었으며, 이해하는 사람이면서 이해받는 사람이 되었다."

종이 한 장을 꺼내 지금 연습한 그 단어를 크고 굵게 적어 손에 들고 상상 속에서 한 편의 영화로 만들어보자. 영화가 완성되면 상상 속의 극장으로 들어가서 그 영화를 상영해보자.

당신이 그 영화의 주인공이다. 마이클 잭슨처럼 우주와의 연결을 이룬 당신의 활약상을 보라. 요리사 모자를 쓰고 칼을 든 채 재료를 살피며 어떤 맛을 창조할지 고민하는 당신의 모습을 보라. 재료가 농익을 때까지 계속 흡수한 햇빛과 수분과 흙냄새에 마음을 기울이며 이제 당신이 만든 요리를 고객이 시식한다. 그 요리에 녹아든 햇빛과 대지의 기운이 그 고객의 몸속에서 살아 움직이는 모습을 보라. 당신의 요리가, 아니 당신과 고객과 우주가 결합하고 있는 현상을 지켜보라. 재료를 선택하고 메뉴를 개발하고 사람들을 훈련시키고 TV에 나가 그런 것을 설명하고 그렇게 활약하고 있는 순간, 영적인 힘이 당신 안으로 들어오는 것이 느껴지는가? 그 순간 당신이 우주와 하나가 되고 승리자가 되고 정복자도 되는 것이 느껴지는가?

만약 재미가 없다면, 신명도 나지 않고 흥분도 되지 않는다면 손에 쥐고 있는 종이를 찢어버리고 다른 종이를 꺼내 다른 단어를 써넣고 처음부터 다시 시작하자. 그렇게 계속 반복하자. 정말로 그런 감동과 재미와 전율이 느껴지는 단어가 결정될 때까지. 그렇게 결정된 그 단어가 당신의 정체성이며 운명이고 또한 희망이다. 50 이후의 50년을 헤쳐나갈 비장의 무기이다.

고유강점은 마음의 특정한 습관일 수도 있고,

두드러진 하나의 재능일 수도 있고,

선택의 기로에 놓였을 때 사용하는 중요한 잣대일 수도 있다.

골든 그레이로 진화하기 위해서는

이 시점에, 고유강점의 확인이 반드시, 제대로 이루어져야 한다.

우리가 찾아내고자 하는 그 하나의 단어, 억눌려 있던 자아의 실체를 드러내주는 그것을 심리학에서 '고유강점Unique strengths'이라고 한다. 인간관계 전문가 대프니 로즈 킹마Daphne Rose Kingma는 《죽고 싶도록 힘들 때 반드시 해야 할 10가지》에서 "얼룩말이 갑자기 기린이 될 수는 없는 것처럼 우리의 본질적 자아 즉, 고유강점은 변하지 않는다."고 말했다. 오래 살던 집을 팔고 새 집으로 이사한다고 해서, 담배나 술을 끊거나 이혼을 하고 재혼을 하거나 가난하게 살다가 갑자기 돈을 벌었다고 해서, 우리의 고유강점이 달라지지는 않는다. 그것은 마치 교향곡을 이끌어가는 핵심 멜로디처럼 우리의 삶을 지탱하는 하나의 '맥락'이다.

고유강점이라는 것은 마음의 특정한 습관일 수도 있고, 두드러진 하나의 재능일 수도, 선택의 기로에 놓였을 때 사용하는 중요한 잣대일 수도 있다. 불행히도 많은 사람들이 자기 안에 있는 그런 고유강점을 거의 인식하지 못한 채 살아간다. 오히려 주변 사람들은 다 아는데 자기만 모르고 있을 때도 많다.

원래의 나, 고유강점, 비전… 그것을 뭐라고 부르든 상관없다. 중요한 것은 그동안 먹고사느라 억눌렸던 내면의 자아를 거리낌 없이 드러내는 것이다. 그래야만 골든 그레이로 진화하기 위한 '자기재건축'을 탄탄하게 시작할 수 있다. 이 시점에서 진정한 자아 이미지, 고유강점의 확인이 제대로 이뤄지지 않으면 앞으로의 50년은 절망의 길에 놓일 것이다.

내면의 자아를 드러내는 방법 중 하나는 '그것이 아닌 것들'을 버리는 것이다. 우리는 무언가를 꽉 움켜쥐고 놓지 못하기 때문에 내면의 자아를 자기 자신에게조차 드러내기 힘들다. 그를, 그녀를, 그 역할을, 살던 집, 이미지, 습관, 과거나 잘못된 미래상을 놓아버리자. 그렇게 놓아버리고 나면 정체성에 혼란이 일어날 수도 있다. 그러면 아예 정체성을 바꾸면 된다. 그러고 나면 새로운 세계가 열린다. 그곳에 수많은 기회가 기다리고 있다.

04

군인은 적을 물리치고,
연인은 사랑을 쟁취하고

마리 퀴리Marie Curie는 우라늄에서 라듐을 분리하는 실험에 착수했다. 그녀는 남편 피에르 퀴리Pierre Curie와 함께 라듐이 존재한다는 확신을 가지고 4년이라는 긴 시간을 실험실에서 보냈다. 오직 실패만 기록한 4년은 비탄과 실망으로 얼룩진 세월이었다. 48번째 실험이 실패로 돌아간 후, 그녀의 남편 은 절규했다.

"불가능해, 이건 불가능해! 아마 100년은 지나야 이 일이 이루어지겠지. 당대에는 결코 성공하지 못할 거요."

그러나 마리 퀴리는 이렇게 대답했다.

"만약 이 실험이 성공하는 데 100년이 걸린다면 그건 참으로 애석한 일이에요. 그렇지만 전 목숨이 붙어 있는 한 최후의 순간까지 오직 이 일에만 전념할 거예요!"

그러던 어느 날, 그녀는 아이가 아파서 오후 내내 실험실을 비우게 되었다. 저녁 늦게 아이가 잠든 후 그녀는 하루 내내 실험실을 비운 것이 마음에 걸렸다. 그래서 남편에게 "우리 잠시 실험실로 가봅시다."라고 말했다. 부부는 팔짱을 끼고 실험실로 향했다. 남편이 실험실 문을 열었을 때, 그녀는 남편에게 "불을 켜지 마세요!"라고 소리쳤다. 그녀는 회심의 미소를 지으며 "당신, 라듐이 아름다운 색이었으면 좋겠다고 그랬었죠?"라고 덧붙였다. 그 순간 말로 표현할 수 없이 아름답고 푸르스름한 빛이 실험실의 어둠 속에서 반짝이고 있었다. 그들은 불가사의할 정도로 가냘프고 은은한, 그 운명적인 빛을 말없이 바라보았다. 드디어 라듐의 비밀이 드러난 것이다. 그것은 퀴리 부부의 '끝장을 보고 말겠다는 근성'의 대가로 얻어진 것이었다.

짧으면 5년, 길게는 10년 내로 세상은 프로페셔널 시대가 된다. '풍요'라는 단어는 프로라는 단어와 동의어가 될 것이다. 그렇기 때문에 프로페셔널이 되는 것이 곧 골든 그레이로 진화하기 위한 조건인 것이다. 누구에게나 충분한 시간 자원이 주어졌기 때문에 마음만 먹으면 프로가 될 수 있지만, 그러기 위해서는 자기훈련이 반드시 필요하다.

자기훈련이란, 지금 여기에 있는 자신을 스스로의 힘으로, 자신이 목표한 날짜와 목표한 지점에, 목표한 모습으로 변모시켜 옮겨놓는 행동 과정이다. 이 과정에는 뭔가를 일단 시작했으면 반드시 끝장을 보고야 마는 성미가 필요하다. 이것이 곧 프로다운 '근성'이다.

프로에게 중도 포기란 없다. 한번 일을 시작했으면 끝장을 내기 전까지 결코 일어서지 않는다. 큰일이든 작은 일이든 끝장을 낼 자신이 없으면 아예 시작을 하지 않는다. 싸워서 패하면 이길 때까지 대들고 될 때까지 파고든다. 모든 문제에는 해답이 있기 마련이다. 그리고 그 해답을 얻기 위해서는 끝까지 물고 늘어지는 근성이 필요하다. 바로 그런 근성을 가지고 군인은 전투를 승리로 이끌고, 연인은 사랑을 쟁취하며, 운동선수는 신기록을 세운다.

그들은 어떠한 일을 신속하게 진행하는 것을 좋아하며, 큰 업적을 쌓는 것이 인생의 중요한 목표라고 생각한다. 아무리 힘들어도 뛰어난 능력을 보일 수 있는 기회를 그냥 지나치지 않는다. 또한 그들은 실패를 쉽게 받아들이지 못한다. 실패했을 경우 다음에 꼭 성공하기 위해 다시 시도하여 그 몇 배의 땀을

쏟는다. 삼진 아웃을 당했으면 천 번 넘게 스윙 연습을 한다.

그렇다면 이 근성은 어떻게 기를 수 있을까? 소위 '끝장을 보고 마는' 그 유별남은 다음 네 지로 만들어진다.

첫째, 자기와의 약속이다. 즉, 중도 포기나 단념 혹은 실패하는 것을 거부하는 내적 결의를 다지는 것이다. 그러한 내적 결의가 이루어지기 위해서는 그것을 왜 해야 하는지, 왜 그것이 최선의 방법인지, 왜 그것은 성공할 수밖에 없는지에 대해 아무리 따져보아도 전혀 흠잡을 데 없이 명료한 이유를 가지고 있어야 한다. 그렇게 심리적으로, 논리적으로 무장된 사람은 포기를 용납하지 않는다.

둘째, 단단한 각오이다. 일시적인 좌절이나 어려움을 예상하고 미리 마음의 준비를 해두는 것이다. 무엇인가를 시작하기 전에 미리 어려움을 예상하면 이미 그것을 넘어설 마음의 준비를 할 수 있다. 또한 예기치 못한 상황이 일어난다 해도 훨씬 더 침착하고 자신감 있게 대처하고 참아낼 수 있게 된다.

셋째, 자신의 잠재력에 대한 확고한 믿음, 즉 근거 있는 자신감이다. 자신에게 구체적으로 이런 능력과 저런 성격이 있기 때문에, 이런 지식과 저런 경험이 있기 때문에 이 정도는 넉넉히 해낼 수 있다는 합리적인 근거가 있을 때 그 근거들의 힘을 입증하고 싶은 심리가 발동하기 때문에 쉽사리 포기하지 않게 된다.

넷째, 기꺼이 위험을 감수하려는 의지이다. 일의 성공과 완성에 대한 욕심이 너무 강해서, 다시 말하면 일에 눈이 멀어서 누군가와 멀어지게 되더라도 돈이나 명성을 잃게 되더라도, 혹은 마음의 상처를 받게 되더라도, 기꺼이 받아들이겠다는 태도. 그것이 바로 끝장을 내고 마는 근성을 뒷받침한다.

프로다운 근성은 일종의 중독이다. 알콜 중독자가 계속 술을 원하는 것처럼, 어떤 일의 끝장을 본 기분을 맛본 사람은 계속해서 그것을 원하게 된다. 그리고 이 근성은 하나의 전문 분야에서 1인자 또는 마이스터, 달인이라는 말을 들으며 아름다운 목적을 추구하는 사람들의 공통된 특징이다. 사실 프로라는 영예는 근성에 대한 보상으로 붙여진 이름이다.

오늘날 많은 사람들의 문제는 주어진 일을 적당한 수준까지만 하고, 끝장을 내지 못한 채 놓아버렸으면서도 자기를 최상급, 프로로 취급해주길 원하는 것이다.

특별히 머리가 좋고 주변 여건이 유리한 사람이 프로가 되는 것은 아니다. '모든 일에 끝장을 보고 마는 것'을 삶의 철칙으로 삼고 실천하는 사람만이 한 분야의 프로가 될 수 있다.

05

완전한 나만의 영토,
나만의 오리지널리티

　골든 그레이로 진화하기 위해선 하나의 고유 도메인이 있어야 한다. 인터넷상에서 도메인이란 개인이 소유하고 있는 사이트 주소를 의미하지만, 원래는 어떤 이름에 의해 인식되는 지식의 범위, 특정 주체의 지식이나 활동 영역, 개인이나 정부 등의 소유지, 세력 범위, 지배 영역을 의미한다.

　이 책에서 쓰이는 도메인이라는 단어는 개인이 통제권과 영향력, 소유권을 가진 전문화된 지식·활동·개념의 영역을 의미한다. 사유지가 아니라 지식과 기술의 사적인 고유 영역이다. 특허, 상표 같은 지적 재산을 포함하기도 하지만 그런 것이 없더라도 꾸준히 닦아온 것이면, 또 많은 사람들이 인정한 것이면 된다. 인터넷 도메인은 제도적인 등록을 하면 생성되지만, 전문 영역의 도메인은 명성을 쌓아 스스로 구축하고 많은 사람이 인정해주어야 그 실체가 생긴다.

예를 들면 '달인 개그'라는 도메인의 소유자는 김병만, '돼지 개그'라는 도메인의 통제권자는 김준현이다. '세로토닌 문화'라는 도메인의 소유자는 이시형이고 '제너럴 일렉트릭'이라는 도메인은 에디슨의 것이다. 행복한 호모 헌드레드, 골든 그레이로 진화하기 위해서는 자신만의 도메인이 반드시 있어야 한다. 하나의 운명적인 키워드를 찾아보자. 가치관, 시대정신, 소명감, 자아상, 정체성, 전문지식, 노하우, 재능, 네트워크 그리고 내가 하고 싶은 일을 한 마디, 한 줄로 요약해보자. 그것이 바로 당신의 도메인이다.

'비프스테이크를 넘어 타조스테이크 시대' '30분 내에 서울에서 부산까지' '버스 요금 수준의 무인 택시' '교수가 따로 없는, 모든 구성원이 학생이며 교수인 대학' '화상통신 온라인 오케스트라' '해파리 요리 연구소' '썩는 플라스틱' '호랑이 농장' '자서전 학교'…

이런 식으로 자신만의 도메인을 만들어보자. 홈페이지, 카페, 사무실, 재단, 연구소… 무엇이든 하나 만들어보자. 단한 마디로 요약되는 도메인, 언제나 가슴을 뛰게 하는 그 한 마디. 그것은 20년 이상을 투자해도 아깝지 않을 만큼 결정적이고 운명적인 것이어야 한다. 결말이 어떻게 나든 그 키워드를 붙들고 있다는 사실만으로 가슴이 뛰어야 한다. '검은 독거미' 자넷 리Jeanette Lee는 포켓볼 큐만 잡고 있으면 모든 잡념이 사라지고 공에만 몰두하게 된다고 말한다. 오로지 공만 노려보며 호흡을 가다듬고 집중한다. 이어서 공들이 부딪치는 소리가 들리면 자신이 그린 그대로 공들이 춤을 추고 있고, 그 모습을 보고 있노라면 형언할 수 없는 즐거움에 빠진다는 것이다.

하면 할수록 더 재미있고 그래서 또 하고… 그러다 보니 어느새 실력이 늘어 있고 실력이 느는 재미 때문에 더 하고 싶어지는 그런 일. 그리고 그 결과물로 인해 나만 잘 살게 되는 것이 아니라, 다른 사람들의 염원과 갈증까지 시원하게 풀어줄 수 있어야 한다.

자신의 도메인에 들어가기만 해도 저절로 기분이 좋아지고 모든 근심이 다 사라지고 그 다음엔 몸에서 변화가 느껴지고 마치 날개가 돋아나서 새처럼 날아갈 것 같은 그런 것이면, 그것이 바로 자기에게 딱 어울리는 도메인이다.

사기만의 도메인을 한번 정했으면, 결코 옆을 두리번거리거나
뒤를 돌아보지 말고 곧장 앞으로만 달려가야 한다.
그렇게 할 수 없는 그저 그런 도메인이라면,
당신에게 꼭 맞는, 당신의 진화에 필요한 도메인이 아니다.

자기만의 도메인을 한번 정했으면 결코 옆을 두리번거리거나 뒤를 돌아보지 말고 곧장 앞으로만 달려가야 한다. 그렇게 할 수 없는 그저 그런 도메인이라면, 그것은 나에게 꼭 맞는, 나에게 꼭 필요한 도메인이 아니다. 그렇다면 내가 선택한 도메인이 정말 100세까지 이어갈 만한 것인지, 가치 있는 것인지를 판단할 수 있는 기준은 무엇일까? 다음과 같이 네 가지 조건이 필요하다.

첫 번째 조건은 오리지널리티Originality이다. 자기가 처음 생각해낸 개념, 단어, 방법, 색을 나타낼 수 있는 영역이어야 한다. 다른 사람들이 모두 "처음 보는 건데?"라고 말할 만한 그런 것을 자신의 도메인으로 해야 한다. 내 손으로 경계선을 긋고 나에게 유리한 룰을 만들고 출입을 통제하고 방향을 정해 나아갈 수 있는, 결국 내가 지배자인 도메인이면 정말 바람직하다.

두 번째 조건은 디퍼런트Different이다. 남들과는 다른 도메인, 차별화된 도메인이어야 한다. 다르지 않으면 특별할 수 없다. 차별화되지 않으면 죽는다. 경쟁자들이 너무 많기 때문이다. 물론, 내가 그 도메인의 최초가 될 수 있으면 더없이 좋겠지만, 그게 아니어도 상관없다. 오리진이 아니라 해도 이 시대가 요구하는 영역이며, 나름의 색다른 트레이드마크를 만들어갈 수 있는 것이면 된다. 가장 고소한 설렁탕, 가장 깔끔한 청국장, 가장 편안한 휴식 장소, 가장 먹기 쉬운 죽… 누구나 다 알고 있는 것을 도메인으로 정한다고 해서 프로가 될 수 없는 것은 아니다. 거기에 조금의 자기다운 색채를 가미하면 그것이 바로 디퍼런트, 차별화이다. '신선 설렁탕' '본죽'과 같은 브랜드의 성공이 대표적인 예이다.

세 번째 조건은 유니크Unique이다. 나다운 도메인이어야 한다. 다른 사람도 나처럼 할 수 있고 나보다 더 잘하는 사람도 많긴 하지만 내가 하면 더 독특한 감칠맛을 낼 수 있는 그런 도메인이어야 한다. 다른 사람은 흉내내기 어려운 것, 다른 사람이 하면 99% 비슷하기는 하지만 내 것과 비교하면 뭔가 1% 부족해보이는 그런 것, 남이 아니고 나이기 때문에 나다운 탁월함과 새로움을 구현할 수 있는 그런 것. 무엇보다 내가 정말 즐길 수 있고 정말 잘 할 수 있는 일이며 하고 싶은 것인가가 더 중요하다.

네 번째 조건은 프로액티브Proactive이다. 세상을 딱 반 발짝 앞서가면서 미래의 시각으로 현재를 보는 것. '반 발짝' 앞에 미리 가서 지금의 세상을 되돌아보며 세상이 필요로 하는 것들을 준비해두는 그런 도메인이어야 한다. 자신이 살고 있는 동시대 사람들의 필요를 채워주는 도메인이어야 한다. 아무리 특출한 것이라도 그 시대의 일부라는 점을 잊어서는 안 된다. 사람이든 물건이든 그에 맞는 시기가 있다. 너무 많이 앞서가 있지 않지만, 지나치게 목전의 현상에만 집착하지 않는 시대감각이 필요하다.

06

당신에게 'R'이 풍요를
가져다줄 것이다

프로다운 프로, 프로를 이기는 프로, 나아가 프로를 길러내는 프로, 골든 그레이가 되기 위해선 R이 풍부해야 한다. R이란 'Resourcefulness'의 약자인데 도저히 적절하게 번역된 단어를 찾을 길이 없다. 사전에 보면 '지략, 지모가 풍부함' 또는 '자원이 많음'이라는 뜻으로 나와 있는데 그중 딱히 하나를 지목하기 어렵고 할 수 있다면 그 의미들을 다 합해서 사용하고 싶은 것이다. 그래서 그냥 R이라고 쓰기로 한다. R이 풍부하다는 말은 내적자원과 외적자원이 모두 풍부한 것을 말하며 동시에 내적, 외적자원을 서로 융합하고 활용하는 능력이 탁월하다는 뜻이다. 자원을 많이 확보하고 있다는 것보다는 자원을 이용하는 지략과 기술이 탁월하다는 쪽에 더 무게가 실려 있다. 이것을 좀 더 자세히 들여다보자.

여기서 말하는 내적자원에는 창의성, 극기, 신념, 지성, 결단력, 용기, 지식, 숙련, 태도, 열정, 감각 등이 있다. 외적자원이란 화폐, 금융자산, 부동산, 사람, 기술, 재료, 토지, 전기, 운송수단, 지적 재산권, 명성, 브랜드, 영업권, 네트워크 등을 말한다. R이 풍부하다는 말은 그런 자원들을 많이 가지고 있다는 뜻인 동시에 내적자원의 어떤 부분과 외적자원의 어떤 부분이 적절히, 기발하고 절묘하게 결합되어 과제를 해결하거나 위기를 타개해나가는 능력이 탁월하다는 뜻이다. 제갈량이나 오디세우스가 보여 주었던 '전략지능 Strategic Intelligence'이 바로 그것이다.

R이 풍부한 사람의 예를 보자. 한 풋내기 의사가 있었다. 그는 아는 사람이라곤 전혀 없는 어떤 도시에 병원을 개원하고자 했다. 자칫 몇 달 동안 환자 한 명도 없이 유지비만 날리고 파산할 수도 있었다. 그는 아직 경험도 풍부하지 않은 상태였고 축적된 재산도 없는 상태였다.

광고는 비싸지만 효과는 별로 없는 실정이고 임대료는 천정부지였다. 그는 자신의 도움을 필요로 하는 환자들과 하루라도 빨리 만나보고 그들과 안면을 트고 싶었다. 그러나 어디에 가서 누구에게 도움을 청해야 할지 막막했다. 그는 고민 끝에 그 도시에서 오래 자리를 잡아온 한 접골원 원장에게 접근했다. 접골원 원장은 자기 아버지로부터 접골원을 물려받았으며 경험도 많은 노인이었다. 원장은 사람들에게 증상이 어떤지 자세히 묻지도 않았다. 그냥 가만히 있어도 환자들이 알아서 자기는 어디가 아프며 어떻게 해달라고 자세히 설명하는 식이었고 원장은 잠자코 그들이 해달라는 대로 해줄 뿐이었다.

풋내기 의사는 원장을 찾아가 자기를 소개하고 무엇을 하고자 하는지 자세히 이야기했다. 그리고 자기가 매주 이틀씩 접골원에 나와 환자들을 무료로 진찰해주겠다고 제안했다. 다만, 환자들을 진찰하면서 자기가 어디 외과 병원의 의사인데 혹시 외과에 갈 일이 있으면 자기 병원으로 오라고 말하겠다고 제안했다. 원장은 오랜 명성과 수천 명의 단골이 있었기 때문에 풋내기가 몇몇 손님을 빼돌리는 것에 대해 별로 개의치 않았다. 그래서 풋내기의 제안을 받아들였다. 풋내기는 아주 성심껏 접골원 환자들을 진찰했다.

2개월이 채 안 되어 풋내기 의사의 병원은 환자들로 넘쳐났다. 풋내기는 한 푼의 광고비도 들이지 않고 유명해졌으며 접골원도 의사가 진찰을 해준다는 소문 덕분에 더 많은 환자들이 몰렸다. 정골원 원장과 풋내기 의사는 아주 친한 사이가 되었다. 수년 후 접골원 원장은 노환으로 죽었고 접골원의 단골은 고스란히 풋내기 의사의 단골이 되었다.

이 이야기 속 풋내기 의사는 "시간이 없다, 자본이 부족하다, 또는 장소가 불리하다." 같은 불평을 하지 않았다. 자신이 이미 가지고 있는 시간, 성실성, 상상력, 적극성, 용기, 친화력, 인내력 등의 내적자원과 접골원, 단골, 자격증, 의술, 협력자 등 외적자원을 결합시켜 결과적으로 자기의 목적을 달성하는 것에만 집중했다. R이란 바로 이런 태도와 정신 그리고 숙련을 일컫는 말이다. R이 있는 사람은 가지지 못한 것을 한탄하지 않는다. 이미 가진 것으로 무엇을 할 것인가에만 집중한다.

자원이 많다고 해서 R이 풍부하다고 말하지는 않는다. 반대로 자원이 부족하다고 해서 R이 없는 것 역시 아니다. 자원과 R, 관련이 전혀 없지는 않지만 완전히 다른 단어이다. 보통 사람일수록 시간, 돈, 기술, 경험 아니면 매니지먼트 등 외적자원을 모으는 일에 집중한다. 그러나 성공한 극소수의 프로, 명인, 알부자들은 창의력, 결단력, 사랑, 호기심, 열정, 결의 등 내적자원을 모으는 일에 더 집중한다.

프로는 현재 보유 자원만 가지고 자신의 가치를 평가하지 않는다. 이미 손에 쥐고 있는 자본, 기술, 기득권, 관계 등으로 현상을 유지하려고 하면 그는 조만간에 추락한다. 프로를 이기는 프로는 유지하려 하기보다 뒤엎으려 노력한다. 창조적 파괴를 시도하는 것이다. 내적자원과 외적자원에 대한 종전의 융합방식을 버리고 새로운 융합 모듈을 창안하는 데 몰두한다. 결정적인 것은 자원이 아니라 R이다. 모든 놀라운 성공 스토리 속에는 누군가의 번득이는 R이 반드시 들어 있다. 그러나 사람들은 그 스토리에 등장하는 자원들의 화려함만 볼 뿐, R을 발휘하기 위해 보이지 않게 머리를 쥐어뜯으며, 위장병을 앓아가며, 밤낮을 잊은 채 몸부림치며 연마한 프로들의 고통은 모른다. 바로 이 고통의 정글을 돌파해나가는 것이 프로의 자기훈련이다. 그런 자기훈련을 통해서 R을 제대로 갖춘, R이 풍부한 사람의 특징은 다음과 같다.

• 매사에 미리 예측하고 앞질러 행동한다.
• 결과가 어떻게 될 것인가에 초점을 맞춘다.
• 서두르지 않고 신중하며 여유롭다.

- 주변의 자원과 기회들이 가진 무한한 가능성에 집중한다.
- 자기 내부에서 솟아오르는 상상의 에너지를 억제하지 않고 분출시킨다.
- 값진 정보를 얻어놓고 사장시키는 우를 범하지 않는다.
- 자신이 아직 모르고 있을 뿐, 활용할 수 있는 유익한 자원들은 얼마든지 더 있다고 생각한다.
- 어떤 행동을 일으켜 큰 결실을 맺는 그림을 그리며 그런 형태의 영감을 떠올리는 작업에 몰두한다.

탁월한 업적을 남기는 모든 사람에겐 R이 있다. 꿈을 가지고 그 꿈을 이룬 모든 사람에겐 R이 있었다. 왜냐하면 R이란 필요와 창의와 끈질김의 결합체이기 때문이다. R이 있는 사람이 되기 위해선 우선 창의, 상상, 열정, 용기, 판단 등 내적 자원 개발에 힘쓰는 것이 중요한다. 더불어 사람, 관계, 네트워크, 지식, 기술 등 외적자원의 확충에도 힘을 기울여야 한다. 지식도 쌓고 사람도 많이 알아야 한다. 노하우 뿐만 아니라 노웨어 또한 많이 가지고 있어야 한다. 누구에게, 어디로 가야 답이 있는지에 대한 정보도 필요하다.

그러나 더 결정적으로 중요한 것은 자기가 속한 전문 영역, 도메인에서 탁월한 업적을 남긴 사람들, 구루Guru와 레전

드Legend들이 보여준 R의 사례들을 최소한 천 개쯤 수집해 숙지하는 노력이 필요하다. R이 풍부하다는 것은 바로 그런 사례를 무수히 알고 있어서 필요하면 언제라도 알고 있는 사례를 원용하여 자신의 상황을 멋지게 돌파해나갈 수 있다는 뜻이다.

골든 그레이는 R이 풍부하다. 그래서 풍요를 누린다. R을 사용하며 지적 환희를 맛본다. 갈채를 받는다.

07

고수는
고수의 등 뒤에서
탄생한다

벤처 기업가를 꿈꾸던 청년 에드윈 반스Edwin C. Barnes는 토마스 에디슨Thomas Edison이 당대 최고의 벤처 기업가라는 결론을 내렸다. 그는 에디슨이라는 1인자에게 배우기로 결심했다. 그러나 현실은 막막했다. 특히, 두 가지 크고 어려운 문제가 그의 앞을 가로막고 있었는데, 하나는 에디슨과 전혀 안면이 없을 뿐만 아니라 소개해줄 사람도 없다는 것이었고, 또 다른 하나는 자신이 있는 오렌지 카운티에서 에디슨의 발명연구소가 있는 뉴저지까지 갈 차비가 없다는 것이었다. 그는 뉴저지로 가는 화물열차에 몸을 실었다. 석탄더미 위에서 17시간을 달려 뉴저지에 도착한 그는 갖은 고초를 겪으면서도 꿈을 포

마크 빅터 한센은 말했다.

"기획만 있으면 그 사람에게 편지를 써라. 편지에
"귀하가 비행기에서 우리 도시를 내려다보고 계실 때
제가 차를 가지고 공항에서 기다릴 수 있다면 큰 영광이겠습니다."라고 말하라.
최대한 접근하라. 그들이 자기 자신을 어떻게 마케팅하고 다니는지 배워라."

기하지 않았고, 마침내 에디슨을 만나게 되었다. 에디슨과의 첫 만남에서 반스는 다짜고짜 "당신에게 배우고 당신의 동업자가 되기 위해 이 먼 곳까지 찾아왔습니다."라고 말했다. 그때 그의 몰골은 영락없는 거지 행색이었지만 눈빛만은 굳은 결의로 빛나고 있었다. 에디슨은 반스의 패기 가득한 눈빛에 끌려 연구소에서 함께 일하는 것을 허락했다.

처음에 반스는 에디슨 연구소의 그저 평범한 임금노동자에 지나지 않았다. 그러나 그는 단 한 번도 자신의 일이 따분하다고 생각하지 않았다. 1인자에게 배우고 있는 중이라는 자부심이 있었기 때문이다. 그리고 에디슨처럼 1인자가 되어 그의 동업자가 되고 말겠다는 다짐을 항상 거듭했다.

그러던 중 에디슨이 신제품 녹음기Dictating Machine를 완성했다. 하지만 에디슨 연구소의 판매원들은 그 녹음기가 시장성이 없다면서 외면했다. 그때 반스가 에디슨을 찾아가 그 녹음기의 판매를 맡게 해달라고 간청하여 허락을 받아냈다. 결과는 대성공이었다. 녹음기는 빠르게 팔려나갔고 나중엔 판매량을 가늠할 수 없을 지경이었다. 반스는 많은 돈을 벌었고 그 돈을 에디슨과 함께 제너럴 일렉트릭을 공동창업하는 데 투자했다. 마침내 에디슨처럼 벤처 분야의 당대 1인자 반열에 오른 것이다.

나의 경우를 이야기해보자. 내가 만나본 사람 중에서 강의와 책을 통해 사람들에게 삶의 희망을 보여주고 동기부여를 제공하는 분야의 1인자는, 한남대 총장을 역임한 이원설 박사였다. 그의 책 《이데올로기를 넘어서》는 미국 대학에서 수십 년 동안 교재로 사용되었다. 그가 한 단과대학의 학장으로 재직하던 시절 나는 그 대학의 조교였다. 조교인 나는 하루에 서너 차례 학장실을 드나들었다. 그가 꿈을 현실로 만들어나가는 분야의 1인자라고 생각했던 나는 큰 용무도 없이 무턱대고 찾아가 그에게 말을 걸었다.

그렇게 친해진 이원설 학장은 내가 장가들 때 주례를 서주었고 취직할 때는 신원보증도 해주었다. 그가 이사를 할 때 나는 이삿짐을 날라주었고 그가 집필 활동으로 바쁘면 함께 밤을 새며 교정도 보고 타이핑도 했다. 그가 영어로 써놓으면 내가 한국어로 번역할 때도 있었다. 그가 강의를 할 때면 나는 항상 제일 앞자리에 앉았다. 내가 글을 써서 가지고 가면 그는 꼼꼼히 읽어보고 내용의 흐름은 물론이고 문장의 장단과 강약을 설명하며 콤마의 사용, 주석을 붙이는 법에 관한 것까지 세세히 고쳐주었다. 약 15년 전에는 그의 가방을 들고 샌프란시스코에서 시작하여 LA, 시카고를 거쳐 뉴욕에 이르는 강연 여행에 동반하기도 하였다. 때론 나에게도 강의를 시켰다. 내가 강의를 마치면 그는 어김없이 나를 불러 잘한 점과 개선할 점을 하나씩 짚어주었다. 설날에 세배 가고 추석날 놀러갔다. 끝없는 접촉이 이루어졌다. 함께 다니며 함께 먹고 함께 목욕도 하고 한없이 많은 이야기들을 이어갔다.

그렇게 30년이 넘는 시간 동안, 나는 그를 따라다니며 배우고 또 흉내냈다. 그러다 보니 어느새 가치체계나 사고방식은 물론이고 말투, 문장, 행동까지 그를 닮았다는 소리를 듣게 되었다. 덕분에 가끔 모티베이션 분야 강의에선 일품이라는 평도 듣게 되었다.

검도에 '수-파-리'라는 것이 있다. 영어의 '모델링'에 해당하는 말이다. 원래 불교 용어였지만 검도계로 와서 수련의 단계 또는 원칙을 요약하는 말로 자리 잡았다가 다시 확장되어 스승과 제자 사이의 관계를 설명하는 용어가 되었다.

수守는 가르침을 지킨다는 의미로, 스승으로부터 배운 원칙과 기본을 충실히 몸에 익히고 수련하는 단계를 말한다. 파破는 스승의 원칙과 기본을 바탕으로 하되 거기에서 더 나아가 자신의 독창적인 체계와 기예를 더해 가는 단계를 말한다. 리離는 스승을 떠나 독립하여 자기 나름대로 일가를 이루어 제자를 양성하는 단계를 말한다.

수-파-리 원칙은 검도뿐만 아니라 하나의 도메인에서 달인이 되고자 하는 모든 학습자들에게도 적용될 수 있는 탁월한 방법이다.

1인자가 되려면 1인자에게 수-파-리의 단계로 배워야 한다. 프로 바둑기사 이창호는 당대 1인자였던 조훈현의 특별한 내제자였다. 바둑계에선 스승의 집에서 동거하면서 배우는 제자를 내제자라고 한다. 먹고 마시고 잠자고 공부하는 모든 것을 배우는 것이다. 그렇게 수-파-리의 단계로 1인자에게서 배웠기 때문에 이창호는 새로운 1인자가 되었다. 하이럼 스미스Hyrum Smith는 스티븐 코비Stephen Covey라는 1인자에게 배웠다. 존 맥스웰은 폴 마이어에게서 배웠다. 1인자에게 배워서 1인자가 되고 다시 새로운 1인자를 키워내는 일은 인생 최고의 즐거움이다. 때문에 모든 1인자들은 자기 다음의 1인자가 될 사람이 배우러 오기를 학수고대하고 있다. 1인자가 되어 진짜 프로라는 말을 듣고 싶다면, 프로페셔널다운 불멸의 한 칼을 손에 쥐고 싶다면, 당대 1인자에게 직접 배워야 한다.

1인자가 되기 위해 1인자 뛰어넘기에 도전하자. 자신의 전문 영역에서 1인자가 누구인지를 결정하자. 그가 쓴 대표적인 책 한 권을 골라 완전히 마스터하자. 그의 다른 책들까지도 모두 독파하자. 그와 관련된 모든 기사를 검색하고, 그의 의견에 반대하는 사람들의 책까지 모조리 읽자. 그의 생애를 조사하고 어떻게 훈련했는지 알아보자. 그리고 그를 찾아가자. 그의 제자가 되자. 그의 기술, 설명 방법, 학습법, 자기관리, 인간경영, 그의 생활습관을 그대로 따라해보는 것이다. 그리고는 마침내 그를 능가하는 것, 이것이 지식의 블랙홀에 빠지는 필수 과정이다. 1인자에게 접근하고 그에게서 배우는 방법에 대해《영혼을 위한 닭고기 스프》의 공동저자 마크 빅터 한센Mark Victor Hansen은 다음과 같이 말한다.

"기회만 있으면 그 사람에게 편지를 써라. 편지에 "귀하가 비행기에서 우리 도시를 내려다보고 계실 때 제가 차를 가지고 공항에서 기다릴 수 있다면 큰 영광이겠습니다."라고 말하라. 최대한 접근하라. 그 사람의 조수가 되어라. 가방을 들어주어라. 궂은일을 도맡아라. 그 사람이 가지고온 책과 테이프를 강연장 입구에서 팔아라. 그 사람의 친구들, 친구의 친구들까지 모두 만나보아라. 그래서 그들이 자기 자신을 어떻게 마케팅하고 다니는지를 배워라."

08

눈 한 송이에
나뭇가지가 부러진다

프로페셔널이란 하나의 전문 분야에 6만 시간 이상 집중 투자한 사람이다. 그래서 매년 3억, 5억, 10억의 소득을 올리고 100년 청춘을 구가하며 행복한 삶을 영위한다. 그렇게 되기 위해서는 자기가 개척한 하나의 도메인에서 마이스터인 동시에 프런티어Frontier이며 또한 오리지널Original이어야 한다. 이 세 가지 요건을 모두 갖추려면 무엇보다 먼저 스스로 지식의 블랙홀이 되어야 한다.

지식의 블랙홀이란 사고에 깊은 지식의 구덩이가 파여 있어서, 그의 발길이 닿는 곳마다 그의 눈길이 마주치는 모든 사물과 그 주변의 모든 정보와 지식들이 저절로 그 구덩이로 빨려 들어오는 현상이다. 일단 빨려 들어온 지식은 절대 탈출하지 못한다. 왜냐하면 블랙홀의 중력은 상상을 초월하기 때문이다. 블랙홀은 오직 흡수만 할 뿐 배출하지 않는다. 폭발하여 빅뱅이 일어날 때까지.

에디슨은 15세에 자신의 고향 디트로이트에 있는 도서관의 책을 모두 읽었을 뿐만 아니라 그것도 부족해 백과사전을 사서 모조리 읽었다. 에디슨이 위대한 발명가가 될 수 있었던 것은 지식의 블랙홀 때문이었다. 여기서 말하는 지식이란 교과서 속의 지식이 아니고 자신의 전문 영역, 자신의 도메인에서 요구되는 모든 경험과 기술을 동시에 아우르는 것이다.

지식이 기술로, 기술이 상품으로, 상품이 다시 브랜드로 변신하여 시장가치를 형성한다면 그는 당대 명인이며 창조적 계급에 속하는 사람이다. 그러나 보통의 지식으로는 그것을 기대할 수 없다. 지식이 기술이 되고 기술이 패키지로 포장되어 경제적 파워를 발휘하기 위해서는 축적된 지식의 총량이 하나의 변곡점을 넘어야 한다. 그 변곡점은 마치 눈송이가 쌓이고 또 쌓인 뒤 마지막 한 송이가 나뭇가지를 부러뜨리는 순간처럼 자신도 모르는 한순간에 다가온다.

중요한 것은 '순간'이 찾아오는 시점까지 지식을 계속 축적해야 한다는 사실이다. 그렇게 축적된 지식의 총량이 일정 수준을 넘어서면 두뇌가 지식의 블랙홀이 되어 주변의 모든 지식을 흡수한다. 사람이 지식을 흡수하는 것이 아니라 지식이 지식을 흡수하기 시작한다. 이렇게 되면 그 발전 잠재력은 뭐라 설명하기 어려울 정도로 엄청나진다. 그런 사람이 프로다. 안타까운 것은 변곡점에 도달하기 직전에 좌절하고 무릎을 꿇는 사람들이 너무 많다는 사실이다. 지식의 블랙홀이 어떻게 지식을 흡수하고 재생산하는지에 대해서는 《노벨상 수상자 36인의 학습법》에 소개된 물리학자 리처드 파인먼Richard Feynman의 경우에 잘 나타나 있다.

파인먼이 대학 구내식당에서 식사를 하고 있었다. 그때 옆자리에 있던 누군가가 접시를 떨어뜨렸다. 그 순간 접시 주위에 있던 대학 휘장이 크게 흔들리면서 붕 떴다가 떨어졌다. 파인먼은 그 자리에서 접시와 휘장의 움직임을 계산하기 시작했다. 결국 학교 휘장의 회전 속도가 진동 속도의 두 배라는 사실을 밝혀냈다. 흥분한 그는 동료에게 자기의 발견을 말했다. 그러나 동료의 반응은 냉소적이었다.

"재미는 있는데 무엇에 쓰려고 그걸 연구했지?"

"그냥, 궁금해서."

파인먼은 계속해서 접시의 회전방정식을 계산하고 자신의 물리학 지식들과의 연관성을 숙고했다. 그것은 파인먼에게 별도로 크게 집중할 만큼 어렵거나 대수로운 일은 아니었다. 그러나 그것은 엄청난 결과를 낳았다.

"나에게 노벨상을 안겨준 '파인먼 도형^{Feyman diagram}'과 그 밖의 연구들은 전부 그날 내가 회전접시에 시간을 쏟아부은 결과입니다."

먼저 자신의 도메인, 전문 영역과 관련된 모든 책을 다 사들이자. 직·간접적으로 관련된 책, 또한 관련이 없는 책까지 최대한 많이 사자. 나만의 지식창고를 만들자. 거실이든 다락방이든 읽고 실험하고 그려보고 흉내내볼 수 있는 전용공간을 만들자. 책을 단순히 읽으려 하지 말고 지식을 마스터하자. 책을 다 읽지 않아도 분야별로 분류하고 정리하고 단순히 들고 만지는 것도 지식을 흡수하는 행위이다. 제목만 보는 것, 목차만 보는 것, 표지의 광고문구만 훑어보는 것도 지식을 흡수하는 행위이다.

자신의 전문 영역에 관련된 책을 300~500권쯤 읽었으면 반드시 책을 한 권 써보자. 가르치는 게 공부이듯 쓰는 게 진짜 공부이다. 쓴다는 것은 아는 것을 전해주는 것이 아니다.

책을 쓴다는 것은 내가 무엇을 아는지, 무엇을 모르는지
명확히 구별하는 수단이다.
그것은 어렴풋이 알던 것을 생생하게 알게 해준다.
모르던 것도 알아내게 한다.
단편적으로 알던 것을 체계적으로 알게 하고,
관념적으로 알던 것을 실제 써먹을 수 있을 만큼 알게 한다.

학습을 하는 것이다. 쓰기가 너무 어려우면 베끼면 된다. 모르는 건 훔쳐다 채우면 된다. 베끼고 훔쳐서 나름의 목차로 편집하는 것 그리고 그것을 자기 나름대로 재해석하여 다시 써내려가는 것, 그런 작업을 계속하면 내가 베끼고 훔쳐온 원작의 저자가 미처 보지 못했던 것과 생각하지 못했던 것들이 무엇인지 보이기 시작한다. 새로운 지식이 창조되는 순간이다. 그런 발견이 학습이다. 이것이 바로 불멸의 한칼을 연마하는 방법이다.

책을 쓰는 것이야말로 자신을 지식의 블랙홀로 만들어가는 최고의 방법이다. 책을 쓰다보면 더 많은 책을 사들이게 된다. 그렇게 해서 추가로 사들인 책이 500권을 넘기 시작하면 이미 그는 지식의 블랙홀이다. 더 많이 검색하게 되고 더 많은 사이트와 친숙해진다. 더 많은 의문점이 생긴다. 그러다 보면 더 많은 사람들과 토론하게 된다.

나는 지금까지 11권의 책을 썼다. 책을 쓴다는 것은 내가 무엇을 아는지, 무엇을 모르는지 명확히 구별하는 수단이다. 어렴풋이 알던 것을 생생하게 알게 해준다. 모르던 것도 알아내게 한다. 단편적으로 알던 것을 체계적으로 알게 한다. 관념적으로만 알던 것을 실제 써먹을 수 있을 만큼 알게 한다.

쓰노라면 자신도 모르는 사이에 생각이, 지식이 깊어진다. 넓어지고 새로워진다.

한 권의 책을 쓰는 것은 자신을 지식의 블랙홀로 만들어 지식이 지식을 흡수하게 하고 더 나아가 지식이 지식을 생산하게 만드는 효과적인 방법이다. 꼭 책 쓰기가 아니더라도 칼럼니스트 활동이나 기타 글쓰기 활동 역시 모두 비슷한 효과가 있다. 그런 의미에서 가르치는 일, 강의하는 것도 역시 좋은 방법이다.

09

기한이 있는 꿈, 비전을 건축하다

우리는 모두 골든 그레이를 꿈꾼다. 우리는 50 이후 50년 동안 세상의 중심에 서서 시대의 숨결을 호흡하는 즐거움을 누릴 수 있기를 꿈꾼다. 우리에겐 골든 그레이로 살아가는 날이 50년 이상 이어지리라는 꿈이 있다. 우리에겐 창조 상점을 경영하는 즐거움이 100세까지 계속될 수 있으리라는 꿈이 있다.

꿈이 있으면 행복하다. 꿈은 영혼의 산소이다. 꿈은 현재의 우리를 미래로 건너가게 하는 교량이다. 꿈이란 그것이 이루어진 다음에 행복해지는 것이 아니라, 그것이 있기에 지금 이 순간 행복해지는 것이다. 꿈을 그냥 머릿속에만 그린다면 그건 꿈이 아니고 별이다. 너무 멀리 떨어져 있어서 그냥 멀뚱히 쳐다만 봐야 하는 별이 된다.

별은 너무 멀어서 만져볼 수도 없고 무슨 장식을 달아줄 수도 없고 색깔을 칠해볼 수도 없다. 그래서 꿈에 관한 이야기는 언제나 '별나라 이야기'처럼 남는다. 그러나 그 별나라 이야기에 어떤 날짜를 하나 부여하면, 마감기일, 최종 달성 기한을 덧붙이면 더이상 별이 아니다. 그때부턴 기한이 있는 꿈, 비전이 된다.

Dream

+   Deadline

———————————

Vision

특히 여기서 '데드라인Deadline'이라는 말이 재미있다. 그때까지 안 하면 죽는다는 뜻이다. 다시 말해 목숨을 걸고 희생과 대가를 지불하고서라도 반드시 완수하고 말겠다는 결의가 포함되어 있는 것이다. 데드라인이라는 말 속에는 이미 지급할 대가, 즉 코스트Cost라는 말도 함축되어 있다. 데드라인이 있느냐 없느냐, 그것이 바로 꿈이라는 단어와 비전이라는 단어의 다른 점이다.

비전은 우리를 올바른 방향, 삶의 궁극적인 목표지점으로 나아갈 수 있도록 도와준다. 비전은 우리 안에 있는 잠재적 능력들을 남김없이 다 발휘할 수 있도록 동기를 부여한다. 그래서 보지 못하던 것을 보게 하고 듣지 못하던 것을 듣게 하며 불가능한 것을 가능하게 한다. 비전이 생기면, 게으르던 사람이 부지런해지고 우유부단하던 사람은 결단력이 생기고 무기력하던 사람은 활력이 넘치게 된다. 비전은 누가 시키거나 이끌어주지 않아도 스스로를 자기의 목표지점으로 이끌어가게 한다. 비전은 행동을 일으킨다. 비전은 우리가 과연 제대로 나아가고 있는지를 알려주는 피드백 역할도 한다.

비전은 간명하고 영감을 주고 쉽게 평가할 수 있고 성취할 수 있는 것이어야 바람직하다. 또한 개인이 행동으로 옮겨야 할 일들을 구체적으로 제시하고, 어느 정도의 긴장감을 주는 것이어야 한다. 기회가 왔을 때 재빨리 잡을 수 있는 것이어야 한다. 그래야 피로감 없이 줄기차게 헌신과 열정을 쏟아부을 수 있다.

비전을 설계하는 가장 탁월한 방법은 아주 짧은 한 줄의 담대한 꿈을 정하고 그 꿈에 달성기한을 부여한 뒤 그것을 1페이지짜리 하우스 모델House Model로 만드는 것이다. 하우스 모델은 삶의 청사진을 한 채의 집 형태로 묘사하여 그 집에 우리의 꿈이 입주하여 살게 한다는 개념이다. 바야흐로 100세 시대라는 새로운 대륙으로 이동을 했으니 그에 걸맞은 멋진 집을 한 채 건축해보자.

하우스 모델은 4단계를 거쳐 완성된다. 이 과정은 흡사 집을 짓는 과정과 같으며, 집의 얼개를 그린 개략도로 나타내는 경우가 많다. 개략도는 지붕Roof에서 시작하여 기둥Pillar과 벽체Body 그리고 토대Foundation로 이어진다. 여기서 지붕은 '어디로 가고자 하는가', 기둥은 '그곳에 어떻게 갈 것인가', 벽체는 '무엇을 실천할 것인가' 그리고 마지막으로 토대는 '일상생활에서 매일 적용할 그라운드 룰Ground Rule은 무엇인가'에 대한 것이다. 지붕, 기둥, 벽체 그리고 토대가 하나 되어 한 채의 집을 이루면 그 집이 그 사람의 꿈의 궁전, 비전이 된다. 〈그림1〉과 같다.

| 〈그림1〉 하우스 모델의 구조 |

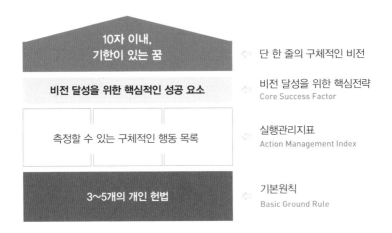

**2007,
영국 최고의 안경 매장이 된다.**

최고의 입지 조건	최고의 팀	최고의 고객서비스
• 도심, 최고로 번화한 곳에 위치한다. • 최고의 위치를 확보하기 위한 충분한 예산을 확보한다. • 연간 10개의 신규 매장을 오픈한다.	• 2년 안에 우수 사원으로 선정된다. • 1999 신입사원 교육 프로그램을 시작한다. • 해마다 직원 1인당 10일간의 교육을 실시한다.	• 1년 내에 고객 만족도 보상 실시 • 해마다 새로운 콘셉트의 매장을 선보이고, 모든 매장에 적용 • 모든 점포 요원에게 고객 서비스 방법을 훈련

**1시간 내에 모든 작업을 완료한다.
모든 점원은 점포 내에서 일어난 모든 일에 책임을 진다.**

　하우스 모델을 사용하여 비전을 설계할 때에는 비전을 구성하는 모든 요소, 즉 꿈이 무엇인지, 그 달성 기한은 언제인지, 꿈에 도달하는 방법은 무엇인지, 꿈을 이루게 하는 구체적인 액션플랜은 무엇인지, 그리고 일상의 행동규범은 무엇인지가 온전히 다 포함되어야 한다.

　〈그림2〉는 하우스 모델의 예시이다. 지붕에는 달성 기한과 10자 이내의 꿈이 적혀 있고 기둥에는 비전을 달성하기 위한 핵심전략이 세워져 있다. 하우스 모델의 벽체엔 세 가지 핵심

하우스 모델은 삶의 청사진을 한 채의 집 형태로 만들어
그 집에 우리의 꿈이 입주하여 살게 한다는 개념이다.
이 작업은 내일의 꿈과 오늘의 현실 사이의 간격을 좁히는
최선의 방법이 무엇인지를 명확히 알 수 있게 한다.

전략을 실행할 구체적인 액션과 이정표들이 적혀 있다. 대개 3~5년 정도의 액션플랜이 고르게 연결되어 있으며 일상의 핵심 활동들을 나타내고 있다. 그리고 그 행동들은 난이도와 규모 면에서 대개 비슷하여 적절한 상호균형을 이루고 있다. 하우스 모델의 토대엔 액션플랜과 이정표, 핵심방침을 가능하게 할 실질적인 행동규범이 적혀 있다. 행동규범은 단 세 가지뿐이다. 복잡하지 않고 단순해서 쉽게 몸에 밸 수 있게 하기 위함이다. 또한 행동규범 자체가 삶의 질 향상과도 연결되어 있다.

하우스 모델을 이용하여 직접 꿈의 궁전을 만들어보자. 글자를 많이 써넣을 필요는 없다. 글을 쓴다는 것이 다소 까다롭긴 하지만 이 작업은 100세 시대를 살아갈 나만의 철학과 가치체계를 정비하는 것이며, 자신이 도착할 최종 목표지점이 어디인지를 결정하고 그곳에 어떻게 다를지를 결정하는 아주 중요한 작업이다. 우리는 이 작업을 통해 나에게 어울리는 미래, 내일의 꿈과 오늘의 현실 사이의 간격을 좁히는 최선의 방법이 무엇인지를 알 수 있게 된다.

삶의 비전, 미래의 운명을 하우스 모델로 구성함으로써 얻을 수 있는 이점은 다음과 같다.

- 하우스 모델은 스냅사진처럼 비전의 전체상을 한 눈에 다 볼 수 있게 해준다.
- 하우스 모델은 비전을 성취하기 위해 지금 당장 '왜' '무엇'을 해야 하는지 명쾌하게 알려준다.
- 하우스 모델은 최종 기한을 명시함으로써 긴박감을 조성해준다.
- 하우스 모델은 비전의 성취를 가능하게 하는 개별 계획들의 상대적인 중요성과 상호연관성을 알려줌으로써 보다 효과적으로 관리할 수 있게 해준다.
- 하우스 모델은 단순한 목표 설정에 비해 어디까지 왔는지 평가하기 쉽고 과정을 추적하기도 쉽다.

덧붙여 다음의 몇 가지 유의사항을 참고하자.

1. 엄선해야 한다. 하우스 모델은 삶의 성패를 결정짓는 운명적인 것이기 때문에 치열한 고민과 결단이 수반되는 것이다. 글자를 적는 것은 순간이지만 생각은 오래 걸린다. 때문에, 1페이지를 채우는 것이 100페이지를 채우는 것보다 더 어려운 일이다. 그만큼 단어 하나, 숫자 하나도 신중하게 선택해야 한다.

2. 일관성이 있어야 한다   비전은 임기응변적이고 즉흥적인 것
이 아니다. 5년, 10년 또는 그보다 더 장기적으로 일관성
있게 밀고나가는 것이다. 어제 다르고 오늘 다른 식으로 되
어서는 비전이라 할 수 없다. 또한 여러 개별적인 계획들을
하나로 통합하는 것도 중요한 부분이다.

3. 하나에 집중해야 한다   모든 액션 플랜이나 행동규범, 또는
핵심방침은 지붕에 있는 그 한 줄에 초점이 맞추어져야 한
다. 항목이 너무 많으면 산만해진다. 집중을 방해하는 모든
요소를 과감히 삭제해야 한다.

4. 삶 전체가 연관되어야 한다   하우스 모델은 삶의 모든 영역
을 하나로 합치는 작업이다. 따라서 하우스 모델에는 영적,
지적, 신체적, 사회적, 재정적인 모든 영역이 망라되고 또
한 직접, 간접적으로 표현되어야 한다.

5. 미래부터 역순으로 만들어간다   비전은 미래의 현실이다. 오
늘의 연장선에 내일이 있는 것이 아니고 내일의 시작점이
오늘이다. 따라서 내일을 오늘의 관점으로 바라보는 것이
아니라 오늘을 내일의 관점으로 바라보아야 한다. 내일과
오늘 사이의 간격을 측정하고 그 간격을 메우기 위해 오늘

해야 할 일이 무엇인가를 찾는 식이 되어야 한다.

6. 측정이 가능해야 한다   무게, 길이, 개수, 사람 수처럼 숫자로 표현되어서 언제라도 몇 퍼센트가 진척되었는지를 명쾌하게 측정할 수 있게 만들어야 한다. 직접 측정이 어려우면 간접 측정이라도 가능해야 한다. 간접 측정의 예를 들자면 미디어, 대중의 관심도 등이다.

7. 간단해야 한다   많이 적는다고 해서 많이 성취하는 것도, 빨리 이루어지는 것도 아니다. 오히려 너무 자세하고 구체적이면 그 자체가 하나의 속박이 되어 활력과 창의력을 잃게 될 수도 있다. 나무에 집착하여 숲을 놓치는 우를 범할 수도 있다. 하우스 모델은 최대한 단순하고 명료하게 만들어야 한다.

인생이라는 자전거는
오늘도 달린다

———————— 은퇴는 흔히 '자전거 타기'에 비유된다. 자전거를 타고 달리다가 정지한 채 멈춰 서서 넘어지지 않기란 불가능하다. 자전거는 오직 앞으로 나아갈 때만 균형과 평형을 유지할 수 있다. 인간도 목표를 향해 앞으로 달려갈 때만 넘어지지 않는다. 정지는 곧 넘어짐이다. 은퇴는 인생의 정지이다. 우리는 정지하기 위해 태어난 존재가 아니다. 전진하기 위해 태어난 존재이다.

01

나는 지금 내 안의
소년을 응원한다

멀쩡한 성인이 어린아이처럼 생각하고 행동하는 모습을 종종 볼 수 있다. 천재 수학자나 물리학자 아니면 예술가나 발명가 같이 머리가 비상하게 좋은 사람들의 모습이 바로 그렇다. 그들은, 나이와 지식 수준은 성인인데 마음은 어린아이 같은 사람들이다. 아이처럼 엉뚱하고 천진난만한 소리를 하기도 한다. 나이만 먹고 늙지 않은 것이다.

DNA를 발견하여 1962년 노벨 의학상을 받은 제임스 왓슨 James Watson의 경우를 보자. 1953년, 25세였던 그의 초상화를 보면 말쑥한 얼굴에 눈을 크게 치뜨고 있는 모습이 영락없이 어린아이 같다. 도저히 노벨상을 받은 위대한 과학자라는 이미지가 떠오르지 않는다. 이처럼 나이로는 충분히 성숙成熟한 성인이면서 외적으로 어린아이의 모습을 그대로 가진, 유형幼形의 상태에 있는 사람들을 여기저기서 발견할 수 있다.

올챙이는 커서 개구리가 되고, 뱀은 때가 되면 허물을 벗고, 펭귄은 자라면 털갈이를 한다. 하지만 사람은 그런 것 없이 그냥 성장하고 성숙한다. 이른 바 '유형성숙Neoteny' 현상이다. 유형성숙이란 태어날 때의 형질과, 성숙한 다음의 형질이 똑같은 형태를 보이는 것을 의미한다. 이런 현상이 신체뿐 아니라 마음에서도 나타나는 사람들이 있다. 간단히 말해 어릴 적 마음이나 성인이 되고 나서의 마음이 똑같은 사람들이다. 이러한 현상을 '심리적 유형성숙Psychological neoteny'이라고 부른다. 즉, 심리적 유형성숙이란 나이와 상관없이 계속해서 젊음의 심성과 성향을 유지하는 것이다.

학교를 마치고 군대를 다녀오고, 취업 경쟁을 거치고 결혼 전쟁을 치루고 또 승진, 생존 경쟁에 휘말리다보면 어느새 자기도 모르는 사이 젊은 마음과 젊은 행동과 표정은 하나둘 땅에 파묻힌다. "인생이라는 게 이렇게 늙어가는 것이로구나." 하면서 스스로의 역할과 영역을 제한하기 시작한다. 동시에

어린아이가 되면 걱정이 사라진다.
오직 무엇이 더 즐거우며 어떻게 하는 것이 나를 더 즐겁게 하는 것인가.
어떻게 살아야 그 즐거움을 오래 이어갈 수 있을까 하는 데에만
집중하게 되고 마음이 찌들지 않는다.
그래서 상상력, 호기심, 순진함, 낙천주의 등과 같은 심리적 젊음을
그대로 유지할 수 있게 된다.

"아하, 나도 이젠 밀려난 '퇴직 얼간이' 노릇을 할 때가 되었구나!" 하고 탄식하게 된다.

지난 5년 동안 내 의식 깊은 곳에서 한 명의 소년과 한 명의 중년이 서로 치열한 몸싸움을 벌였다. '누가 나의 대표자, 지배자가 될 것이냐.' 하는 싸움이었다. 이 싸움은 아직 종결되지 않았지만 나는 지금 소년을 응원하고 있다. 그리고 결국 소년이 이길 것이다. 소년을 나의 지배자, 대표자로 내세울 것이다. 소년의 말에 귀를 기울이고 그의 선택을 존중하고 그의 불편함에 대해 친절하게 배려할 것이다. 그 소년의 상상력이 곧 나의 상상력이다. 그 소년의 발랄함이 곧 나의 활력이고 그 소년의 꿈이 나의 꿈이다. 그 소년의 성장이 나의 성장이다. 흔히 나이 들면 어린아이가 된다고들 한다. 나는 기꺼이 어린아이가 될 것이다.

어린아이가 되면 걱정이 사라진다. 오직 무엇이 더 즐거우며 어떻게 하는 것이 나를 더 즐겁게 하는 것인가, 어떻게 살아야 그 즐거움을 오래 이어갈 수 있을까 하는 데에만 집중하게 되고 마음이 찌들지 않는다. 그래서 상상력, 호기심, 순진함, 웃음, 장난스러움, 낙천주의 등과 같은 심리적 젊음을 그대로 유지할 수 있게 된다. 소년처럼 깔깔대고 흥분하고 부딪치고 몰입하고 저항하고 뛰어들 것이다. 70세, 80세가 되어서도 그보다 훨씬 더 나이를 먹어서도 소년들과 똑같은 말을 하고 똑같은 행동을 하리라. 한마디로, 나이만 먹고 늙지는 않으리라. 인생의 유형성숙을 이루리라.

02

은퇴?
그건 새들이나 하는 거다

포드Ford의 사장실에 누군가 불쑥 문을 열고 들어왔다. 회장 헨리 포드Henry Ford 2세였다.

"어? 회장님! 어서 오십시오. 여기 앉으세요."

회장은 소파에 앉았다. 하지만 표정은 그리 밝지 않았다.

사장이 조심스럽게 물었다.

"혹시 무슨 하실 말씀이라도 있습니까?"

회장은 잠시 머뭇거렸다. 그러더니 이내 입을 열었다.

"자네가 사장으로 있는 동안 우리 회사는 크게 발전했네. 그러나 이제 자네와는 일하고 싶지 않군. 미안하지만 사장직을 내놓고 나가주게."

순간, 그는 깜짝 놀랐다. 도저히 믿을 수 없었다.

"회장님, 지금 농담하시는 거죠?"

"농담이 아닐세. 자네는 해고야."

"해고요? 해고라니요? 그게 무슨 말씀입니까? 저는 포드를 위해 청춘과 열정을 다 바쳤습니다. 그런데 이제 와서 해고라니요. 제가 해고를 당해야 하는 이유를 말씀해주세요."

그는 다소 흥분한 말투로 회장에게 따졌다. 그러자 회장이 나지막한 목소리로 말했다.

"그냥 나가주게. 함께 일하고 싶지 않네."

그동안 회장과 잦은 의견 충돌이 있긴 했지만 그렇다고 하루아침에 해고를 당할 만큼 큰 잘못을 하진 않았다. 그런데 이렇게 물러나야 한다니. 너무 억울했다.

"그럴 순 없습니다. 이대로 물러날 순 없습니다."

그러나 회장은 끝내 뜻을 굽히지 않았다. 결국 리 아이아코카Lee lacocca는 사장이 된 지 8년 만에 해고를 당했다.

정당한 이유도 없이 해고를 당한 그는 한동안 고통스러운 시간을 보내야 했다. 도저히 온전한 정신으로는 지낼 수 없었다. 너무나도 분하고 치욕스러웠기 때문이다. 그는 부들부들 온몸을 떨며 괴로워했다. 그의 아내는 분한 나머지 심장병이 발작했고, 딸은 아버지를 무능하다고 원망했다. 그는 분노에

휩싸여 방황하다 자살 시도까지 했다. 그러나 그는 다시 마음을 다잡았다. 지나간 과거에 집착하는 대신 앞으로의 일을 생각하기 시작했다. 그리고 크라이슬러Chrysler Corporation의 CEO가 되었다. 크라이슬러에서도 물러나고 3년 후, 그는 CBS TV에 나와 말했다.

"은퇴요? 그건 새들이나 하는 겁니다."

또한 그는 "은퇴라는 구실로 갑자기 일을 손에서 놓는 것은, 시속 100킬로미터로 달리던 자동차에 갑자기 1단 기어를 넣는 것과 같아서 앞 유리를 깨고 튀어나가는 불행을 초래한다."고 말했다. 은퇴는 참새나 매미 같은 미물이나 하는 것, 골든 그레이라면 결코 해서는 안 되는 것이라는 말이다. 그렇다. 아이아코카의 말은 인생의 진리를 설파한 아주 통쾌한 말이다. 새들과는 달리 사람은 은퇴해서 일을 놓는 바로 그 순간부터 정신이 위축된다. 기가 죽을 뿐만 아니라 얼굴과 근육이 늙는다.

그는 죽어가는 크라이슬러를 두 차례 살려놓았고 미니밴Mini-van을 개발했으며 최고의 베스트셀러 작가로 세계의 존경을 한 몸에 받았다. 한때 미국 대통령 후보로까지 거론되었다. 그는 64세에 크라이슬러 회장직에서도 물러나게 된 후, 72세에 전기자전거 회사를 설립했다. 그러나 '나의 일'이라는 것이 사라졌던 8년 동안의 공백기에 매우 불행한 시간을 보냈다. CEO에게 주어지던 여러 가지 특전과 혜택이 일시 정지 되었고 익숙한 모든 자원에 대한 접근도 중지되었다. 사람들과의 연결이 끊어진 상태로 거리에 홀로 남겨졌다. 대부분의 시간을 혼자 보내야 했다. 이혼도 했다. 견디기 어려운 적막함을 맛본 것은 물론이고 자신이 그토록 헌신했던 크라이슬러로부터 배신자, 욕심쟁이, 이기주의자, 위선자라는 소리를 듣고 소송까지 당했다. 그의 표현대로 "삶의 뿌리가 송두리째 뽑히는 쓴맛"을 보았던 것이다.

그는 〈포춘Fortune〉과의 인터뷰에서 "은퇴 후 3년 동안에 받은 스트레스가 47년 현역시절 동안 받았던 모든 스트레스를 다 합친 것보다 훨씬 더 컸다."고 말했다. 리 아이아코카는 전속력으로 질주하던 자동차가 갑자기 급브레이크를 밟음으로써 엄청난 굉음을 내며 360도 공중 잡이를 하다가 멈춰 서는 순간의 공포를 뼈저리게 경험했다. 그가 "당신이 만약 참새가 아니라면 절대 은퇴하지 말라"고 당부하는 이유이다.

히브리어에는 '은퇴'라는 단어가 없다. 에덴동산을 관리하는 일을 맡은 아담에게 나이 제한 같은 것은 없었다. 100년 전이나 오늘이나 100년 후에나, 그냥 마찬가지로 체력과 기술을 최대한 발휘, 활기차게 일하도록 약속되었으며 또한 보장되었다. 그것이 창조의 섭리이며 고용주와 노동자가 체결한 최초의 계약이다.

일을 하는 것에 있어 나이 제한이란 없다. 실제로 미국에는 정년퇴직이라는 제도가 아예 없어졌다. 나이를 이유로 직장을 떠나게 하는 것은 불법이다. 그게 자연의 이치이다. 농경시대에는 죽을 때까지 일했다. 은퇴는 제 1차 세계대전 이후에 수많은 장병들이 돌아오자 일자리가 없어 60세가 넘은 고령인구를 일자리에서 몰아내면서 생긴 것이다. 정치인들이 참전용사들을 일시적으로 달래기 위해 원래 사전에 없던 단어를 만들어낸 것뿐이라는 말이다.

03

휴양이라는
안락한 덫

　당신이 만약 80세가 되기도 전에 은퇴할 생각을 한다면, 그것은 마음에 아주 치명적인 바이러스가 감염된 것이다. 당신이 만약 마음속으로 "3년 후에 은퇴해서 전원생활이나 해야지."라고 생각한다면 그날부터 당신의 모든 말과 행동은 자신도 모르는 사이 소극적으로 변하게 될 것이다. 기백은 쪼그라들고 현상 유지, 좋은 게 좋다는 식으로 변해간다. 그렇게 되면 현상 유지조차 어려워지고 한 해 한 해를 넘기는 데 급급해진다. 결국 3년을 채우기도 전에 타인에 의해 밀려난다.

　그렇게 밀려나는 순간, 세상의 은퇴 시스템은 당신으로 하여금 지금껏 너무 힘들게, 열심히 일한 것에 대해 죄책감을 갖게 한다. 거기에 대한 보상을 받으려는 마음이 들게 한다. 그래서 "후배들아, 잘 있어라."라고 말하게 한다. "의미나 가치 따위는 없어도 좋다, 편안히 놀고 쉬고 즐길 수만 있다면 나는 땡큐다." 하는 식이 되는 것이다. 세상이야 어떻게 돌아가든 그건 어디까지나 "후배들아! 너희들의 몫이다, 더 이상 나를 괴롭히지 말아다오." 하게 한다. 은퇴라는 엉터리 시스템이 쳐놓은 덫에 제대로 걸려든 것이다.

이제 이 시스템은 당신에게 휴양이라는 안락한 상자를 내민다. 그 안에 들어가서 놀고 쉬고 즐기라는 것이다. 놀고 쉬고, 쉬고 노는 쳇바퀴에 신물이 나기 시작하면 급격한 노화 현상이 나타난다. 활동적이고 생산적인 인생은 막을 내렸고, 이제 마무리와 뒤처리만 남았다는 생각에 빠진다. 무료해지기 시작하고, 소외감을 느끼며 자존감과 자기효능감을 상실한다. 자신이 더 이상 중요한 존재가 아니라고 느끼게 된다. 쓸모없고 무가치하며 폐물이 되어버렸다는 생각에 시달린다. 이것이 바로 소위 말하는 '은퇴 우울증'이다. 시스템은 끝내 각종 기금이라는 명분으로 당신이 저축한 돈을 몽땅 빼낸 후, 늙고 가치 없는 사람들이 서 있는 줄의 맨 뒤로 보낼 것이다. 그 줄의 맨 뒤에 선 지 불과 몇 년 안에 맨 앞으로 이동한다. 그리고 사망한다. 사망의 이유는 은퇴이다.

"저희가 생명유지 장치를 꺼도 되겠습니까, 선생님?"

"그럼요. 그렇게 해주세요. 전 충분히 살았답니다. 고마워요."

이것이 바로 우리를 제거하기 위해 세상이 쳐놓은 은퇴라는 덫이다. 멀쩡한 현역 프로선수를 살아 있는 시체로 만드는 시스템이다. 우리는 본격적인 직업 활동을 시작한 첫날부터 은퇴라는 개념을 받아들이도록 교육받았다. 은퇴 시스템이 우리를 향해 "당신은 이제 그만 은퇴할 때가 되었습니다." 하고 신호를 보내면 우리는 들뜬 목소리로 "네, 알겠습니다." 하고 대답하며 뿌듯해하는 것이다. 그리고는 존재의 의미가 부인당하고 있다는 것을 확인해주는 영수증, 연금을 신처럼 받들어 모시기 시작한다. 이 어찌 불속으로 날아드는 나방의 모습이라고 하지 않을 수 있는가?

04

자전거는 오직
나아갈 때
넘어지지 않는다

"아… 그럼 계속 일을 하셔야 하나봐요?"

어떤 사람은 나이 들어 희끗한 머리를 한 채 돈을 벌기 위해 출퇴근을 하고 길거리를 왔다 갔다 하는 것이 보기에 안 좋다는 식으로 말한다. 늙은 나이까지 일하는 것은 주책이고 창피하다는 것이다. 사실, "당신은 인생의 실패자네요? 일을 그만두지 않으면 안 되나 보죠? 노후 자금도 모아두지 못한 완전한 패배자네요."라는 의미를 속에 품고 있다.

은퇴를 하지 않고 계속 일하는 사람이 패배자라고? 그렇다면 빌 게이츠나 워렌 버핏, 엘리자베스 여왕은 나이가 어려서 은퇴를 하지 않는 것인가, 아니면 인생의 낙오자여서 아직

자전거를 타고 달리다가 정지한 채 멈춰 서서 넘어지지 않기란 불가능하다.
자전거는 오직 앞으로 나아갈 때만 균형과 평형을 유지할 수 있다.
인간도 목표를 향해 앞으로 달려갈 때만 넘어지지 않는다.
정지는 곧 넘어짐이다. 은퇴는 인생의 정지이다.

도 돈을 버느라 은퇴를 못하고 있는 것인가? 턱도 없는 소리이다. 프로 중의 진짜 프로는 은퇴를 하지 않는다. 오직 미츠바, 하나의 아름다운 목적의 달성, 가치의 실현을 위한 결심을 다지고 자신의 기량을 발휘한다.

은퇴는 존재의 이유를 박탈하는 행위이다. 생명의 단축이다. 은퇴는 우리로 하여금 현재와 미래를 살기보다 과거에 연연하며 살게 만든다. 만약 당신도 은퇴에 대해 생각하고 있다면, 당신은 이미 세상이라는 무대, 당신만의 도메인, 왕국에서 보낼 수 있는 행복한 시간을 스스로 단축하고 있는 것이다. 프로페셔널, 파워 시니어, 멘토 그리고 뉴 리치의 경지에 오른 그 귀중한 지식과 지혜와 기술을, 아니 당신 자신을 헌신짝처럼 허공에 내던지는 것이다.

은퇴는 흔히 '자전거 타기'에 비유된다. 자전거를 타고 달리다가 정지한 채 멈춰 서서 넘어지지 않기란 불가능하다. 자전거는 오직 앞으로 나아갈 때만 균형과 평형을 유지할 수 있다. 인간도 목표를 향해 앞으로 달려갈 때만 넘어지지 않는다. 정지는 곧 넘어짐이다. 은퇴는 인생의 정지이다. 우리는 정지하기 위해 태어난 존재가 아니다. 우리는 전진하기 위해 태어난 존재이다.

은퇴는 휴식이 아니라 죽음이다. 은퇴는 수영에도 비유될 수 있다. 강을 헤엄쳐 건너기 위해서는 쉬지 않고 팔다리를 움직여야 한다. 다리를 움직이고 팔을 저어야 앞으로 나아간다. 동작을 멈추면 제자리에 머물러 있는 것이 아니라 바닥으로 가라앉는다. 기술을 발휘하고 축적된 노하우를 사용하는 행위를 멈추는 것은 바닥에 가라앉기 위해 인생의 동작을 멈추는 것과 같다. 은퇴는 자기를 죽음으로 몰아가는 가장 확실한 방법이다.

05

내 전성기는
지금부터이다

누군가 피터 드러커에게 질문했다.

"박사님의 친구들은 대부분 은퇴하셨는데, 박사님은 언제 은퇴하십니까?"

드러커가 대답했다.

"나는 은퇴할 욕심이 없다네."

은퇴할 '욕심'이 없다는 말이 생소하게 들릴 것이다. 그는 은퇴하는 것은 욕심을 부리는 것이라고 말했다. 은퇴란, 업적을 쌓았거나 세상을 유익하게 한 현저한 공로가 있는 사람이나 하는 것이지 원한다고 아무나 할 수 있는 게 아니란 뜻이다. 조금 더 나아가면, 보통 사람들에게 은퇴란 일종의 사치,

피터 드러커는
자신의 전성기를 두고 "50세를 넘기고 찾아온 30년 동안"이라고 말했다.
그는 스스로 건강하다는 느낌을 끝까지 유지하며 일을 했다.
때문에 나이가 들수록 더 탁월한 혜안과 식견을 보이며
충만한 시간을 계속 누릴 수 있었다.
속력을 늦추는 것이 아니라 더 높이면서 계속 전진했다.

허영이라는 생각이 깔려 있는 말이기도 하다.

실제로 드러커는 세상을 떠나기 5일 전까지 현역 학자이자 저술가로 계속 일했다. 죽기 바로 직전까지도 새로운 책을 읽고 새로운 사람을 만나고 새로운 것을 배우고 새로운 글을 쓰는 일을 멈추지 않았다. 자신의 말대로 "사람들이 그들의 목적을 달성하도록 도와주기 위해서"였다.

숨을 거두기 5일 전까지 펜을 들고 집필을 계속했다는 것은, 그가 죽은 것이 아니라 산 채로 하늘로 들려 올라갔다는 말과 무엇이 다른가? 5일만 펜을 놓았다는 것은 그가 죽음과 대면한 기간이 딱 5일이라는 말이다. 이것은 죽음의 고통을 모른 채 죽음을 맞이한 자연적인 안락사가 아닐까. 얼마나 장렬하면서도 평화로운 장면인가? 얼마나 멋진 인생인가? 나이좀 들었다고 뒷전으로 밀려나지도 않고 물러서지도 않고 오직 앞으로 나아가며 주민등록증에 적힌 날짜보다 100년이 지난 그날에 하늘로 들려 올라가는 것, 이것이야말로 50 이후의 50년을 살아가는 골든 그레이의 이상이다.

드러커는 이미 50년 전에 머릿속 개념 사전에서 은퇴라는 단어를 지워버렸다. 한미 파슨스 Hanmi parsons의 김종훈 대표는 매일 "천국으로 출근한다."고 말한다. 그렇다. 일터가 천국이다. 천국을 두고 어디를 간단 말인가? 그래서 드러커는 은퇴를 하지 않았다. 계속 일을 했다. 일을 했기 때문에 몸도 덜 아팠다. 일을 그만두지 않았기 때문에 소외되지도 않았다. 스스로 건강하다는 느낌을 끝까지 유지했다. 나이 들수록 더 탁월한 혜안과 식견을 보이며 충만한 시간을 누릴 수 있었다. 자신의 전성기는 50세를 넘기고 찾아온 30년이라고 말했다. 결코 위축되지 않았다. 쉬면 늙는다는 것을, 쉬면 죽는다는 것을 너무도 잘 알고 있었기 때문에 일하는 것을 멈추지 않으려 했다. 속력을 늦추는 것이 아니라 더 높이면서 계속 전진하려 했다. 일이 있는 곳에 머물렀다.

기업이 고임금과 높은 수준의 복리후생을 요구하는 노동력 대신 기계화와 해외 아웃소싱을 더 선호하면서 노동시장이 급변하고 있다. 많은 사람이 전문성을 요하는 프로젝트에 일시적으로 합류하는 프로젝트 계약도 성행하고 있다. 당연히 월급이나 연봉 개념도 사라지고 시간당 효율, 프로젝트당 보수 개념으로 가고 있다. 결국 모두가 자영업자가 되는 '개인의 기업화' 현상이 일어나고 있는 것이다. 1인 매체, 1인 컨설턴트, 1인 프로젝트 매니저 등 저마다 자영업을 하는 추세는 갈수록 두드러지고 있다. 프로페셔널로 거듭난 골든 그레이에게 더 유리한 세상이 오고 있는 것이다.

나는 오늘도 낯선 세계,
낯선 즐거움을 기다린다

50 이후 찾아온 50년,

더 많은 삶의 기술이 필요해졌습니까?

더 많은 여유를 축적해야 합니까?

불편한 공존을 견디며,

예기치 못한 것들을 계속 환영해야 합니까?

봄에 씨 뿌려 가을에 추수하는 삶을 벗어던지고 싶습니까?

인생의 사계를 넘어 언제나 봄에 서 있고 싶습니까?

나이를 영양제처럼 맛있게 먹고 싶습니까?

관습적인 노화를 거부하고 다르게 진화하고 싶습니까?

요리를 배우고 싶으면 배우고

파리에 가고 싶으면 가는 삶을 살고 싶습니까?

놀며 쉬며 한 50년 어슬렁거리고 싶습니까?

그러면서도 미지의 세계로 나아가는 목적의식의 끈을
계속 잡아당기고 싶습니까?

50에 새로 대학에 들어가고 60에 창업을 하고
오전엔 사무실에 가서 돈을 벌고
오후엔 오전에 번 돈을 기부하러 가고
밤엔 어떻게 하면 더 많은 돈을 벌 수 있을까 궁리하는
베풂이라는 장르의 예술에 빠져보고 싶습니까?

삶의 무게를 한칼로 베어내고 싶습니까?
부를 넘어 부의 시크릿을 창조하고 싶습니까?
내딛는 보폭과 행보가 시대의 길이 되기를 열망하십니까?
나름의 선택이 하나의 스토리로 기록되기를 원하십니까?

인생 반전, 숙명의 리턴 매치를 시도해보십시오.
승부처를 옮기고 무기를 바꿔 쥐고
새로운 투구를 써보십시오.
오늘부터 삶의 온도를 높이고 속도를 높이고
기준을 높여보십시오.

나이는 거짓말입니다.

너무 이르지 않습니다.

이미 늦은 건 더더욱 아닙니다.

50년 낯선 세계, 낯선 즐거움이

당신을 기다리고 있습니다.

인생의 봄에 서서

강헌구